EL
HUERTO
AUTOSUFICIENTE

EL
HUERTO
AUTOSUFICIENTE

HUW RICHARDS

CONTENIDOS

INTRODUCCIÓN

Imagina poder comer siempre productos de temporada cultivados y cosechados por ti. Imagina tener al alcance de la mano tus propias frutas y verduras todos los días del año. Imagina cultivar alimentos que no te cuestan prácticamente nada.

Pues deja de imaginarlo. No se trata de fantasías, sino de objetivos realistas. Y te aseguro que son factibles. ¿Cómo puedo estar tan convencido? En los últimos 12 meses me he planteado el reto de cultivar alimentos gratis. Ahora quiero transmitirte lo que he aprendido en este tiempo, sin olvidar las estrategias para hacer frente a cualquier problema que pueda aparecer. Te ofrezco también distintas opciones de cultivo que se adapten a tu espacio (pequeño o grande, en el campo o en la ciudad), para que puedas elegir lo que más te convenga. Todo lo que aparece en este libro está probado y comprobado, y espero que su información te dé la confianza necesaria para cultivar alimentos que sepan tan bien como imaginas.

EL COSTE NO ES UN OBSTÁCULO

A lo largo de los años, he oído razones de todo tipo para no comenzar a cultivar los propios alimentos, y una de las más comunes es que es demasiado caro. Me entristece mucho que esta idea errónea siga circulando y que, como resultado, mucha gente no solo se desanime, sino que además se esté perdiendo una oportunidad fantástica. He escrito este libro a fin de aclararlo bien, con la intención de transmitir toda la información necesaria para cultivar alimentos gratis.

Cultivar alimentos gratis requiere técnicas básicas de jardinería, como sembrar y plantar. Para tener éxito solo hay que ver las cosas de otra forma, cambiar un poco de mentalidad y ver valor en lo que otros pueden considerar simplemente cosas para tirar. Un palé roto de obra puede desmontarse para hacer con él un compostador, unas garrafas vacías sirven para almacenar, y unos cartones viejos pueden ser ideales para evitar que las malas hierbas crezcan alrededor de tus cultivos.

¿QUÉ SIGNIFICA «GRATIS»?

Antes de que te pongas a cultivar, es importante dejar clara mi definición de «gratis». Para mí, «gratis» significa obtener algo sin que haya dinero de por medio. Un ejemplo sencillo sería intercambiar semillas de una hortaliza que no te gusta por las de otra que preferirías cultivar. Y «gratis» no significa «sin esfuerzo» porque, seamos realistas, es imposible cultivar alimentos sin dedicar algo de tiempo y energía. Incluso buscar alimentos silvestres requiere esfuerzo, al igual que comprarlos en una tienda. Por supuesto, el dinero puede facilitar algunas tareas y ahorrar tiempo, pero hay formas de evitar el gasto si eres ingenioso y estás abierto a las oportunidades.

IR PASO A PASO

Lo único que te impedirá disfrutar de comida gratis en abundancia es rendirte demasiado pronto. Para evitar que eso ocurra y garantizar buenos resultados, empieza poco a poco para que no se te haga una montaña. Divide siempre los proyectos grandes en objetivos más pequeños y alcanzables, y anota estas tareas pequeñas en forma de lista de pendientes. Si haces muchas tareas pequeñas en el tiempo que tengas y las vas tachando de la lista, empezarás a sentirte eficiente y productivo. Una serie de pequeños pasos te hará sentir que progresas constantemente, y eso te mantendrá motivado. En estas páginas, te explicaré a qué me refiero con «trueque» y cómo esto es clave para cultivar alimentos gratis.

EL PODER DEL TRUEQUE

Ahora que he explicado qué entiendo por «gratis», me gustaría hablarte de la que en mi opinión es la mejor alternativa al dinero que existe: el trueque.

El diccionario de la Academia de la lengua define «trueque» como el «intercambio directo de bienes y servicios, sin mediar la intervención de dinero». Pero esta simple definición, aun siendo tan clara y directa, no describe lo poderoso que puede ser el trueque cuando se utiliza en el marco de la interacción social. Antes de que se desarrollaran los sistemas monetarios, la gente comerciaba mediante el trueque de bienes y servicios, y cada intercambio implicaba interactuar con otra persona o grupo, que es la parte realmente interesante.

CÓMO Y QUÉ INTERCAMBIAR

Un aspecto clave del trueque es la falta de pautas fijas, pues no hay una sola manera de hacerlo. El trueque, intercambiar una cosa útil por otra, es una estrategia que todos podemos utilizar y que tiene la ventaja de ser muy flexible. Puedes ofrecer diferentes artículos en trueque según lo que a la otra persona le interese o lo que valore más, y a veces es tan sencillo como hacerle un favor a alguien quitándole de encima lo que considera desperdicios (aunque para ti tengan valor).

A menudo, ni siquiera hace falta ofrecer un objeto físico. Tu tiempo, tus habilidades y tu conocimiento en un determinado tema también pueden ser una moneda de cambio.

Si, por ejemplo, alguien ofrece postes para una cerca pero está más interesado en tus habilidades para tocar la guitarra que en lo que ofreces para intercambiar, podrías darle una clase de guitarra.

CONECTAR CON LOS DEMÁS

Es emocionante sacar el dinero de la ecuación, porque de esa forma cada intercambio es único. Los individuos o grupos involucrados deben negociar el mejor acuerdo para todos, y ese intercambio puede resultar muy interesante. Si nunca antes has hecho trueques, te sorprenderás gratamente por la sencillez del proceso, por el entusiasmo de quienes participan en él y por la asombrosa variedad de cosas que se ofrecen. El trueque es una de esas cosas que pueden intimidar un poco al principio, pero con la práctica se aprende con rapidez.

En el libro encontrarás muchos ejemplos de cosas útiles que se pueden obtener con el trueque, como materiales de compostaje y paquetes de semillas. Para mí, uno de los beneficios clave es establecer nuevas conexiones con la gente. Con el tiempo, verás que las personas con las que intercambias comenzarán a ofrecerte artículos sin que se los pidas, o te pondrán en contacto con otras personas de ideas afines. Entonces podrás crear un pequeño grupo de trueque, lo que a su vez hace que sea mucho más fácil compartir herramientas (ver p. 17). Puedes practicar el trueque mucho o poco, pero a mí me parece una forma de intercambio mucho más gratificante que pagar con dinero.

EL TRUEQUE ESTÁ AL ALCANCE DE TODOS, Y ES UNA ESTRATEGIA MUY FLEXIBLE.

Siempre estoy recolectando objetos diversos de los vecinos (arriba, izquierda). A cambio, les ofrezco productos que he cultivado (derecha, arriba y abajo) o semillas que he recolectado de mis cultivos (abajo, izquierda).

PREPARA TU HUERTO

BUSCA Y EVALÚA UN ÁREA PARA CULTIVAR ALIMENTOS Y HAZTE CON LAS HERRAMIENTAS NECESARIAS PARA PONERTE MANOS A LA OBRA.

QUÉ NECESITA TU PARCELA

El primer paso de cualquier proyecto de jardinería es evaluar (o incluso encontrar) un espacio al aire libre. Al evaluar el potencial de una parcela para cultivar alimentos usaré el acrónimo TAOSA, es decir: tamaño, agua, orientación, suelo y acceso.

TAMAÑO

Se requiere menos espacio del que imaginas para cultivar los productos que necesitas. Así, un terreno de 1 x 2 m basta para suministrar verduras de hoja para ensalada para una familia de cuatro desde mediados de primavera hasta finales de otoño. Para que te hagas una idea, una plaza de aparcamiento normal mide algo menos de 3 x 4 m, ¡el tamaño ideal para empezar a cultivar frutas y verduras!

AGUA

Este preciado bien es vital en primavera y verano, pero es pesado y difícil de transportar. Un tejado es la mejor fuente de agua de lluvia gratuita, pues puede recolectarse y almacenarse durante los meses más húmedos y usarse cuando brilla el sol. Las aguas grises (aguas residuales de lavabos, duchas y bañeras) se pueden utilizar perfectamente en el jardín y son un recurso fantástico en periodos de muy poca lluvia. Si tienes que usar agua de red, asegúrate de tener permiso de quien la paga.

LISTA RÁPIDA

Asegúrate con esta lista de que el lugar elegido tiene las características necesarias para cultivar alimentos.
- Espacio para un compostador, para almacenar agua y para las plantas que quieres cultivar
- Suministro de agua: de un tejado o aguas grises
- Al menos 4 h de luz solar directa en primavera y verano, y protección de los vientos fuertes
- Suelo cubierto de hierba o de losas, o una terraza
- Acceso a tu huerto sin tener que atravesar un edificio (si es posible)

ORIENTACIÓN

La orientación determina cuánta luz solar directa recibe cada día una parcela. Las que están orientadas al sur reciben mayor cantidad de sol y permiten una mayor variedad de plantas. La orientación este ocupa el segundo lugar en la lista. Incluso los terrenos que solo reciben cuatro horas de luz solar directa al día son adecuados para la mayoría de los cultivos. Planta verduras de hoja en terrenos con poca luz solar; no les molesta la sombra y seguirán siendo productivas. Proteger las plantas de los vientos fuertes.

SUELO

Un terreno cubierto de césped ofrece más opciones para el cultivo, ya que se pueden cavar bancales, o colocar bancales elevados o en contenedores. En superficies duras, como patios o terrazas, los bancales elevados y los contenedores son las únicas opciones. Si vives de alquiler, habla con el propietario antes de instalar nada y antes de comenzar a cavar. No olvides que te puedes llevar los contenedores si te mudas.

ACCESO

Con la emoción de tener una parcela de cultivo, a menudo se pasa por alto el acceso, y esto puede ser un problema. La dificultad de acceso es común en terrenos pequeños, como patios cerrados. Si solo se puede acceder a través de tu casa, piensa bien si estás preparado para transportar materiales pesados a través de la vivienda. Si planeas usar una parcela grande, necesitarás tener acceso para carretillas.

Al evaluar el potencial de un nueva parcela, me gusta hacer bocetos de cómo se podría preparar el área para plantar.

IDEA

Si vas a plantar varios cultivos, plantéate usar dos ubicaciones: una cerca de tu casa para los que llevan mucho trabajo, como la verdura de ensalada, y otra que puede estar más lejos para los que requieren menos mantenimiento.

COMPARTE O PIDE PRESTADO

Menos es más (y sin duda más barato) cuando se trata de las herramientas de jardín, pues se puede lograr mucho solo con las manos. Sin embargo, hay algunas herramientas que vale la pena tener.

Tus manos son muy importantes para muchas tareas que requieren destreza, como sembrar semillas, trasplantar plántulas, guiar guisantes y judías o controlar la humedad del suelo. Yo casi nunca uso los guantes, porque me parece importante estar en contacto directo con la tierra para sentir su textura y los niveles de humedad.

HERRAMIENTAS ESENCIALES
Solo necesitas unas pocas herramientas (pala, rastrillo, horca, paleta, martillo, navaja, podadera, taladro y sierra) para cultivar tus propios alimentos. Comprarlas nuevas es caro, pero hay opciones más económicas (*ver página opuesta*). Las carretillas son útiles, pero también puedes usar cubos grandes, sobre todo si tu parcela es pequeña.

Tus manos son la única herramienta que vas a necesitar para muchas tareas de jardinería, como hacer agujeros para trasplantar las plantas jóvenes.

a. Pala
Para cavar hoyos y trasplantar directamente al suelo, y para llenar recipientes grandes con compost o tierra.

b. Rastrillo
Para barrer hojas o hierba cortada y preparar el terreno para plantar. Utiliza el extremo del mango para hacer hoyos poco profundos donde sembrar.

c. Horca
Para remover compost, arrancar plantas de raíces profundas y desenterrar esquejes para trasplantar.

d. Paleta
Para llenar contenedores y macetas con compost, para trasplantar y para eliminar malas hierbas grandes.

e. Martillo
Muy útil para construir compostadores y bancales elevados y para triturar tallos de brásicas antes del compostaje.

f. Navaja
Para cortar cordeles, recolectar plantas y para muchas otras pequeñas tareas.

g. Podadera
Para podar, recolectar y preparar esquejes de madera dura.

h. Taladro
Para atornillar de forma segura la madera al construir tu propio compostador y tus bancales elevados.

i. Sierra
Para construir estructuras como bancales elevados y otros proyectos de horticultura.

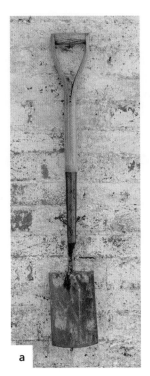

a

b

c

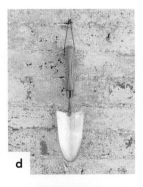

d

e

f

g

h

i

CONSIGUE HERRAMIENTAS GRATIS

Hay dos formas de obtener las herramientas que no tienes o de intercambiar las que ya tienes por otras. La primera opción es organizar un intercambio de herramientas. Reúnete con amigos o vecinos y pídeles que hagan una lista de sus herramientas. Una vez que sepáis lo que hay disponible, podéis acordar un horario conveniente para todos para pedir prestada la herramienta que necesitéis. Mientras todos respeten la propiedad y paguen los desperfectos, el sistema funcionará bien.

Las plataformas de intercambio en internet o en la comunidad son otra buena forma de obtener herramientas de jardinería. Todos tenemos artículos que no usamos y que otros podrían aprovechar, así que ¿por qué no cambiarlos por herramientas de jardín? No hace falta que haya dinero de por medio. En internet también se ofrecen herramientas que han pertenecido a jardineros de cierta edad. Suelen ser de calidad y estar bien cuidadas.

UTILIZA EL HUERTO DE OTRA PERSONA

Si no tienes tu propia parcela al aire libre, ¡no te preocupes! Muchas personas no tienen ni el tiempo ni la energía para cuidar de sus huertos o jardines y estarían encantadas de darles nueva vida a cambio de algunos productos frescos.

Antes de ocupar el terreno de otra persona, te aconsejo que respetes los deseos del propietario por encima de todo. Si quiere mantener el césped intacto, no excaves ni siquiera un área pequeña. La comunicación clara entre ambos es vital, así que habla siempre con él sobre tus proyectos para evitar malentendidos y evitar perder el terreno.

LISTA RÁPIDA

Asegúrate de que tus expectativas son realistas de acuerdo a los criterios TAOSA (ver pp. 14-15) y planteándote estas preguntas:

- La parcela ¿está lo bastante cerca de mi casa para ir caminando o en bicicleta?
- ¿Me llevo bien con el propietario?
- ¿La parcela tiene muchas limitaciones?
- ¿El acceso es solo por la casa del propietario?
- ¿Con qué frecuencia puedo ir a la parcela?

NO TENGAS MIEDO DE DECIR QUE NO

Haz caso a tu instinto y, si tienes dudas, no te lances a usar la parcela. Tanto tú como el propietario debéis sentiros completamente cómodos con el acuerdo y entre vosotros.

Hay mucha gente que busca a alguien que cuide su jardín, como uno de mis vecinos (arriba) y esta señora (izquierda), la dueña de un *bed and breakfast* en Londres donde me alojé en un viaje para visitar a mi editor. Lamentablemente, no pude ayudarla porque vivo en Gales.

OBTENER UN TERRENO PARA PLANTAR

A continuación, enumero algunas sugerencias sobre cómo y dónde comenzar la búsqueda de un terreno.

Grupos locales en las redes sociales

Los mejores grupos son los del tipo «plataforma de intercambio», donde la gente intercambia, vende o pide recomendaciones. Usar las redes sociales es la forma más fácil y eficaz de llegar a una gran parte de tu comunidad. Las personas pueden etiquetar a quienes ofrecen espacio o ponerte en contacto con otras personas de fuera del grupo.

Pasquines

Decide lo lejos que estás dispuesto a trasladarte o céntrate en una calle específica y reparte pasquines escritos a mano. Los más eficaces son breves y educados y van al grano.

Grupos locales de jardinería

La gente suele ponerse en contacto con grupos de jardinería locales para ofrecer su jardín a alguien que tenga el tiempo y la energía para cuidarlo. Busca tu grupo más cercano en internet, centros comunitarios o boletines locales.

HACER QUE EL ACUERDO FUNCIONE

La clave del éxito en cualquier acuerdo entre tú y el propietario del terreno es asegurarse de que ambos salís ganando. Siempre debes ofrecer parte de la cosecha como incentivo. A todos nos gusta comer alimentos sanos, y mucho mejor si son gratis.

Establece desde el principio si el propietario desea una parte de la cosecha, un suministro de su verdura favorita o una caja de productos de manera regular.

HORTICULTURA URBANA

Los planes de huertos comunitarios son probablemente la mejor opción si buscas un espacio en un pueblo o una ciudad. Muchos te permitirán cultivar lo que quieras con el permiso de la organización que lo gestiona (ya sea el ayuntamiento o una empresa que apoye proyectos locales de sostenibilidad).

La horticultura de guerrilla es un término utilizado para describir el cultivo de alimentos en tierras que no son de nuestra propiedad, que no alquilamos o que no tenemos derecho a cultivar. A menudo se realiza en lugares abandonados y en secreto. Es una práctica controvertida y yo personalmente no la recomendaría, pues podrías perder todo tu trabajo si el terreno es reclamado o si los propietarios destruyen tus plantas porque no quieren que haya nadie allí.

LA CLAVE DE TODO ACUERDO ES QUE AMBAS PARTES SALGAN GANANDO.

CULTIVA EN UN PATIO, TERRAZA O BALCÓN

Los patios y terrazas, que suelen orientarse para aprovechar el sol, son espacios fantásticos para cultivar. Utiliza contenedores grandes para plantar una amplia variedad de alimentos, como alubias trepadoras, patatas y hojas de ensalada.

Si planificas bien desde el principio y utilizas estos métodos de plantación, tu patio o terraza podrían ser más productivos que una parcela pequeña.

CULTIVO INTERCALADO

Consiste en combinar cultivos de maduración lenta y otros de maduración rápida en el mismo espacio. Al crecer a diferentes ritmos, ambos tendrán suficiente espacio: los de maduración más rápida se cosecharán y eliminarán antes de que los de crecimiento más lento alcancen su tamaño completo. Es eficiente, pues permite plantar los cultivos de crecimiento más lento inmediatamente en lugar de tener que esperar.

Los nativos americanos seguían el método de las «tres hermanas» y cultivaban calabazas, maíz y alubias trepadoras en el mismo bancal. Los tallos del maíz permiten que las alubias trepen, y las hojas anchas de la calabaza actúan como un mantillo vivo para suprimir la maleza y retener la humedad del suelo.

SUCESIÓN DE CULTIVOS

Planifica con antelación y ten un cultivo a punto de plantar cuando coseches otro. Por ejemplo, planta plántulas de espinaca en el alféizar de tu ventana cuando las judías verdes florezcan. Cuando las judías hayan terminado de crecer, retíralas y planta las plántulas de espinaca. Esto ahorra tiempo entre cosechas, pues las plantas están establecidas y listas para trasplantar cuando hay un área disponible para ellas (ver p. 42 para más información).

CULTIVO VERTICAL

Cultivar sobre paredes o soportes es una forma de aumentar el rendimiento cuando el suelo es limitado. Puedes poner canalones en las paredes o cercas para cultivar plantas de hoja, hacer que los calabacines trepen por rodrigones y cultivar guisantes o alubias en espalderas. Prueba a colocar palés contra las paredes, cubrir los espacios con arpillera o bolsas de compost viejas y llenarlas de compost para cultivar hierbas y fresas. Las paredes que dan al sur absorben el calor y son ideales para plantas amantes del sol, como tomates, pepinos y pimientos en contenedores.

COMPOSTAJE EN PEQUEÑOS ESPACIOS

Los patios y las terrazas suelen carecer de espacio suficiente para compostar. Además, si su superficie es de madera, la humedad podría pudrirla. El mejor lugar para un compostador es sobre una losa de pavimento u otra superficie dura. También puedes revestir el fondo del compostador con plástico de bolsas de compost viejas para retener la humedad y proteger la madera de debajo.

BALCONES

Los balcones suelen tener un acceso más difícil que el de los patios y las terrazas, y también pueden tener restricciones de peso. Una gran ventaja de un balcón es que estará libre de babosas (a menos que accidentalmente las traigas con las plantas) y habrá espacio para uno o dos contenedores, además de paredes para el cultivo vertical.

Los mejores cultivos para balcones
• Hojas de ensalada
• Alubias trepadoras
• Patatas
• Tomates
• Calabacines
• Guisantes

Las terrazas soleadas dan la oportunidad de cultivar alimentos (arriba y arriba a la izquierda). Utiliza métodos para ahorrar espacio, como colocar una plataforma vertical (izquierda).

LAS MEJORES FRUTAS Y VERDURAS PERENNES PARA CONTENEDORES

- Todas las hierbas (ver pp. 92-97)
- Patacas (ver pp. 100-101)
- Moras y bayas híbridas (ver pp. 102-105)
- Fresas (ver pp. 106-109)
- Grosellas y uva crispa (ver pp. 110-115)

ESTABLECE UN SUMINISTRO DE AGUA

El agua y el compost son los dos recursos más preciados del huerto. El agua corriente es segura pero cara, pero el agua de lluvia y las aguas grises son gratuitas y pueden proporcionar fantásticas fuentes alternativas de agua.

Asegúrate el almacenamiento y el suministro de agua antes de que la temporada de crecimiento esté en pleno apogeo para no sufrir escasez en los momentos cruciales del año.

AGUA DE LLUVIA

Aunque el agua de lluvia es gratis, no es tan fácil recogerla y almacenarla. Aun así, el agua fluye por los tejados hacia canalones y desagües y se puede desviar para recogerla en grandes depósitos de agua.

Si quieres un desviador de agua de lluvia alternativo y gratuito, prueba a cortar la bajante del canalón de tu casa a aproximadamente 1,5 m del suelo. Cuando pronostiquen lluvia, coloca un balde grande, un cubo de basura o incluso un contenedor con ruedas debajo para recoger agua. Cuando no estés recolectando

agua en un recipiente, coloca piedras grandes a los lados del orificio de drenaje para canalizar el agua hacia el desagüe de abajo.

Los tejados de cobertizos, especialmente los de metal ondulado, son otra buena fuente de agua gratuita. Coloca cubos a lo largo de la pared lateral, justo debajo del alero, para recoger el agua de lluvia.

Si tienes espacio, puedes crear tu propio sistema de recogida de agua de lluvia. Apoya una tabla grande o una lámina de metal contra algo grande y plano en ángulo. Luego puedes utilizar un desagüe viejo (se consigue fácilmente en plataformas de intercambio en internet o en sistemas de reciclaje gratuitos) para recoger el agua de lluvia y desviarla a un contenedor.

ALMACENAR AGUA DE LLUVIA

Una vez que comiences a recoger agua de lluvia, almacena la mayor cantidad posible para tener siempre suministro en los periodos de escasez de lluvia o sequía. Se pueden aprovechar garrafas, cubos de basura, barriles de cerveza, barriles de vino e incluso bañeras viejas. Utiliza todo lo que tengas a mano o que puedas conseguir de forma gratuita: cuantos más recipientes llenes, de más agua dispondrás para cultivar.

Cuando haya previsión de lluvia, alinea cubos contra la pared de un cobertizo o garaje sin canalón; el agua recolectada puede resultar un valioso suministro durante los periodos secos.

IDEA

Si el recipiente conectado a la bajante se llena, úsalo para llenar de agua cualquier otro recipiente vacío que tengas. Así siempre estarás a máxima capacidad.

AGUAS GRISES

El agua de bañeras y lavabos, que se suele perder por el desagüe, se aprovecha mucho mejor en el huerto. Siempre que laves algo, usa un recipiente y vacíalo en un balde o regadera para usarlo en semillas, plántulas y plantas en crecimiento. Asegúrate de que el jabón que usas está elaborado con ingredientes 100 % naturales, porque será más respetuoso con la tierra y las plantas. Para facilitar la recogida, puedes desviar el tubo de desagüe del fregadero a un cubo. Las aguas grises no se almacenan bien, así que trata de usarlas en un par de días.

SUELO Y RETENCIÓN DE AGUA

Es una verdad fundamental que cuanto más sano esté tu suelo, menos necesitarás regarlo. Sigue métodos de jardinería sin cavar (ver p. 68) y agrega mucha materia orgánica en forma de compost casero o estiércol bien descompuesto para aumentar la capacidad del suelo para retener agua. En mi huerto, incluso cuando no ha llovido durante 2 o 3 semanas, solo necesito regar las plántulas, las plantas en macetas y las plantas de hoja para ensalada. Los demás cultivos se las arreglan bien sin agua porque la estructura del suelo es muy saludable.

Coloca un recipiente grande debajo de una bajante cortada cuando se anuncie lluvia para recolectar agua del techo de tu casa (*izquierda*). Yo uso garrafas viejas para almacenar agua de lluvia extra (*arriba*).

SÁCALE PARTIDO AL CLIMA

Querer cultivar sin comprender las condiciones climáticas predominantes es como hornear pan sin saber si poner el horno a una temperatura alta o baja. Puedes evitar desastres si aprendes a proteger tus plantas de las heladas.

Clima y tiempo son lo mismo para muchas personas, pero significan cosas diferentes. El clima son las condiciones climáticas a largo plazo en una región, mientras que el tiempo son las condiciones del día a día en un área concreta, como que haya sol, que llueva, que haya viento, la temperatura diaria... El cambio climático global ha provocado patrones climáticos impredecibles y clima extremo, por lo que, cuando cultives tu huerto, siempre es mejor estar preparado, especialmente para las heladas y las sequías.

BENEFICIOS Y DESVENTAJAS

Cada clima tiene sus ventajas y desventajas. Así, por ejemplo, yo cultivo en un clima frío y húmedo, por lo que mis cultivos necesitan menos riego que en un clima cálido y seco, y las brásicas y los tubérculos crecen muy bien. Pero sueño con tener suficiente sol para cultivar tomates y berenjenas al aire libre.

Para aprovechar al máximo tu huerto, concéntrate en los cultivos que mejor se adaptan a tu clima. Vale la pena investigar el clima local en internet y hacer coincidir nuestros cultivos con esas condiciones, pues, entre otras cosas, esto te permitirá comprender los patrones de heladas en tu área.

APROVECHA EL SOL AL MÁXIMO

La posición de tus bancales y maceteros tendrá un gran impacto en tu productividad. Las partes orientadas al sur y al este reciben la mayor cantidad de sol. Lo ideal es que esas áreas tengan un muro cerca para proporcionar un microclima cálido para los cultivos, pues el muro absorbe el calor durante el día y lo irradia durante la noche. Si tienes un área de este tipo, da prioridad a los cultivos amantes del sol, como los pimientos y los tomates.

HELADAS

Una helada ocurre cuando la temperatura exterior cae por debajo de 0°C y la humedad se convierte en cristales de hielo. Algunas verduras no toleran las heladas, pues sus células sufren daños irreversibles. El tiempo entre la fecha promedio de la primera helada (antes del invierno) y la última (antes del verano) es un gran periodo de crecimiento.

TOLERANCIA CLIMÁTICA

Las hortalizas anuales se organizan en tres grupos según su tolerancia al frío. Las más resistentes pueden soportar temperaturas de hasta -8°C (y a veces más frías); las de tolerancia media pueden resistir heladas muy ligeras durante unas horas, y las verduras tiernas no sobreviven a una helada. La tolerancia de cada vegetal se puede consultar en el capítulo dedicado a las plantas anuales (pp. 116-157).

Da una ventaja a las verduras tiernas, como los tomates, sembrando semillas en el interior a finales de invierno y transfiriendo luego las plantas jóvenes al exterior unas semanas después de la última helada y así lograr un periodo de cultivo más largo. Yo suelo trasplantar plantas anuales de tolerancia media 2 semanas después de la última helada, y entre 3 y 4 semanas después, las plantas tiernas.

MI REGLA DE LOS 4 °C

Cuando se produce una helada inesperada, puedes estar desprevenido y correr el riesgo de perder todas las plantas tiernas en las que has puesto tanto cuidado. Mi estrategia es consultar diferentes pronósticos del tiempo y, si alguno de ellos indica que la temperatura nocturna bajará a 4 °C o menos, tomar precauciones.

a

b

c

Las previsiones meteorológicas nunca son 100 % precisas, así que uso esta temperatura para estar seguro, y siempre cumplo con la regla. Incluso si la temperatura solo baja a 2 °C o 3 °C, las plantas amantes del sol se beneficiarán de la protección.

PROTEGE TUS CULTIVOS DE LAS HELADAS
A veces en primavera, cuando ya has trasplantado verduras tiernas o de tolerancia media, de pronto se pronostican bajadas de temperatura. Si esto sucede, es crucial que protejas tus cultivos lo antes posible. A continuación te indico tres métodos rápidos y sencillos, con material que probablemente tengas a mano, para cuando entre en vigor mi regla de los 4 °C:

a. Sábanas
Coloca palos en el suelo alrededor de las plantas y pon encima una sábana vieja para aislarlas. Funciona aún mejor con dos sábanas. Hazlo antes del atardecer, para que se retenga algo del calor del día.

b. Hojas o paja
Ten lista una bolsa de hojas, paja o heno para cubrir las plantas jóvenes y las plántulas durante la noche. Recoge el material a la mañana siguiente y métele de nuevo en la bolsa para volver a usarlo si es necesario.

c. Caja de cartón
Las cajas de cartón vacías puestas boca abajo actúan como «habitaciones» pequeñas y aisladas y funcionan bien para plantas individuales como la calabaza. Si hace viento, no olvides poner piedras encima de las cajas para que no vuelen.

«NO SER PRECAVIDO ES INVITAR AL FRACASO»: UN DICHO RELEVANTE PARA LOS HORTICULTORES EN REGIONES PROCLIVES A LAS HELADAS.

CLIMA EXTREMO

Seguir estrategias para hacer frente a inundaciones, sequías, olas de calor, granizo o nieve ayudará a minimizar los daños o incluso puede prevenir la pérdida de toda una cosecha. Las plantas perennes tienden a ser mucho más resistentes que las anuales y se adaptan mejor a los extremos, aunque las que crecen en macetas no sobrevivirán sin agua en periodos de sequía. Estas sugerencias ofrecen la máxima protección para los cultivos, con el mínimo esfuerzo y en diversas condiciones extremas.

GRANIZO

Plantas con más riesgo: Plántulas y hojas de ensalada
Problemas: Daño a las plantas de hoja

Una granizada repentina podría pillarte desprevenido. Lo ideal es proteger las plántulas y las hojas de ensalada cubriéndolas con una manta ligera antes de que comience una tormenta ya prevista. Si te sorprende una tormenta de granizo repentina, simplemente instala la protección lo antes posible. Las hojas de ensalada crecen deprisa, así que se recuperan pronto.

NIEVE

Plantas con más riesgo: Plantas tiernas y brásicas
Problemas: Hundimiento

Tanto una caja de cartón como el método del palo y la sábana (ver p. 25) ofrecen protección contra la nieve para las hojas de ensalada, pero con el método del palo y la sábana, recuerda siempre quitar la nieve de la sábana para que el peso no aplaste las hojas. Las verduras resistentes se apañan sin protección, pero quita siempre la nieve de las brásicas altas.

VIENTO

Plantas con más riesgo: Legumbres
Problemas: Hundimiento

Planta los cultivos más altos en los lugares más protegidos para minimizar los daños por el viento y hunde bien en el suelo los rodrigones de guisantes y alubias para que aguanten: deberían proporcionar suficiente estabilidad para el periodo de crecimiento de las plantas, desde primavera hasta principios de otoño, cuando las tormentas son menos probables.

SEQUÍA

Plantas con más riesgo: Plántulas, plantas jóvenes, hojas de ensalada
Problemas: Pérdida de cosecha, maduración prematura

En época de muy poca lluvia, da prioridad en el riego a las plantas jóvenes, que no pueden almacenar tanta agua porque sus raíces aún no están desarrolladas del todo. La sequía puede afectar a algunas plantas, como las hojas de ensalada, y hacer que produzcan flores y semillas prematuramente, lo que estropea el sabor. Riega tus cultivos regularmente durante las sequías para ayudar a prevenir esto. Sembrar nuevas plantas de hoja cada 2 semanas hará que sigas teniendo suministro aunque pierdas una cosecha.

TODAS LAS PLANTAS TIENEN UNA RESISTENCIA DISTINTA, ASÍ QUE CULTIVA DISTINTOS TIPOS PARA MINIMIZAR LOS DISGUSTOS.

Consulta los pronósticos y protege los cultivos de las condiciones climáticas extremas, como el granizo (arriba, izquierda), los vientos fuertes (arriba, derecha), la nieve (abajo, derecha) y las sequías que provocan maduración precoz (abajo, izquierda).

¿CÓMO VAS A CULTIVAR?

Ver como un simple trozo de tierra se llena de verduras es muy satisfactorio. Aquí, analizo las características principales del cultivo en contenedores, bancales elevados o directamente en el suelo.

CONTENEDORES

Cultivar en contenedores es muy fácil y divertido, y puede darte cosechas fantásticas. Aunque las plantas en macetas necesitan más agua que las que crecen en bancales elevados o en el suelo, es la forma más rápida de dedicar un rincón de tu jardín o balcón a cultivar verduras. Yo siempre sugiero comenzar a cultivar en unos pocos contenedores, ya que no requiere tanto tiempo ni esfuerzo como los otros métodos. Intenta crear sus propios contenedores, como hice yo con este neumático (abajo, ver pp. 32-33).

Las plantas más adecuadas:
- patatas
- hojas de ensalada
- hierbas

BANCALES ELEVADOS

Yo cultivo casi todas mis verduras en bancales elevados de madera (abajo). Necesitan más tiempo y una mayor inversión inicial en comparación con los contenedores, pero puedes cultivar una variedad mucho mayor de plantas que necesitarán menos riego. Pueden estar sobre piedra, cemento o césped, pero no en terrazas o patios de madera, pues esta se pudre. Drenan bien, incluso si llueve mucho, lo que evita que a las raíces les falte oxígeno, sufran enfermedades o se pudran.

Las plantas más adecuadas:
- fresas
- tubérculos
- ajo y cebolla

EN EL SUELO

Lo mejor de cultivar directamente en el suelo es que la mayor parte del medio de cultivo (la capa superior del suelo) está ya disponible. La profundidad del suelo también hace que este método sea ideal para plantas perennes y de raíces profundas, como el ruibarbo (derecha), aunque, en las zonas urbanas, es aconsejable comprobar si hay cables enterrados o tuberías de drenaje. Si tienes problemas de espalda, te será más fácil trabajar en un bancal elevado.

Las plantas más adecuadas:
- ruibarbo
- brásicas
- alubias trepadoras

¿LA MEJOR OPCIÓN?

Lo ideal es combinar los tres métodos, porque las plantas tienen preferencias. En realidad, la mejor opción dependerá de tu situación. A lo largo del libro, explicaré lo que creo que es la forma más efectiva de tratar un cultivo en particular para aprovechar al máximo tu espacio sin gastar dinero.

LOS MÉTODOS COMPARADOS

	CONTENEDOR	BANCAL ELEVADO	EN EL SUELO
Fácil de trasladar	Sí	No	No
Apto para espacios pequeños	Sí	Sí (bancal pequeño)	No
Jardines sin tierra	Sí	Sí	No
Necesita poco riego	No	Sí	Sí
Necesita poco compost	No	Sí	No
Hay que quitar pocas hierbas	Sí	Sí*	Sí*
Mínimas herramientas	Sí	No	Sí
Fácil preparación	Sí	No	Sí
Apto para perennes	Algunas	Sí	Sí
Apto para casas alquiladas	Sí	Pide permiso antes	Pide permiso antes
Apto para patios y balcones	Sí	No	No

* Usando el método del mantillo (ver p. 124)

CREA TUS PROPIOS CONTENEDORES

Vas a necesitar contenedores para las plántulas, para plantas maduras y para propagar con esquejes. Por suerte, vivas donde vivas, los encontrarás gratis. ¡Espero que mis sugerencias puedan inspirarte a generar tus propias ideas!

PARA PLÁNTULAS

Los recipientes pequeños son mejores para sembrar semillas o para plantar esquejes blandos, como hierbas. Sin embargo, los esquejes de madera dura, como las grosellas negras, es mejor plantarlos en contenedores grandes, en bancales elevados o en el suelo.

a. Tubos de cartón del papel de baño y de cocina

Estos tubos tienen dos ventajas clave: son fáciles de obtener y son totalmente biodegradables. Cuando las plántulas estén listas para trasplantar, limítate a plantar todo el recipiente con su contenido. Las plántulas de remolacha, acelgas y brásicas crecen bien en tubos de cartón.

Los tubos de cartón son perfectos para cultivos como guisantes y alubias, que tienen raíces largas. Sin embargo, al extraer los tubos para trasplantarlos, inevitablemente se cae algo de compost. Una solución es hacer cuatro cortes de 2,5 cm alrededor de un extremo del tubo y luego doblar las pestañas resultantes para crear una base.

b. Macetas de papel de periódico

Se pueden hacer maceteros biodegradables con papel de periódico mediante una máquina para fabricar maceteros de papel, y después trasplantarlos con su contenido de la misma forma que los tubos de cartón (arriba). Si no tienes una máquina para hacer macetas, envuelve en papel una lata pequeña sellada de modo que quede una buena cantidad de papel colgando en un extremo, y después dobla el papel que sobresale. Toma una segunda lata, más pequeña, y úsala para presionar el papel doblado y que quede firme. Retira la maceta de papel de la lata.

c. Latas y vasos de yogur

Tanto las latas como los vasos de yogur son unos contenedores reciclados que se pueden utilizar durante 3 a 5 años antes de darles un enjuague final y echarlos al cubo de reciclaje. Las semillas de calabaza y de acelga crecen bien en vasos de yogur, pero asegúrate de hacer algunos agujeros en la base para que drenen.

d. Canalones

Llevo un tiempo enganchado a este maravilloso método, y lo utilizo sobre todo para las plántulas de guisantes. ¡Hacer que se deslicen por el canalón hasta un hoyo en un bancal elevado debe de ser una de las tareas más satisfactorias de la horticultura! Para usarlos, corta el canalón en secciones más pequeñas a fin de adaptarlas al tamaño de tu espacio exterior. Asegúrate también de separar los canalones del suelo cuando plantes guisantes o alubias. Esto evitará que los ratones se coman tus cultivos. Puedes obtener fácilmente canalones en los contenedores de basura o de amigos y vecinos que estén reparando techos o cobertizos.

e. Hueveras

Las hueveras de cartón son unos módulos biodegradables perfectos para las plántulas, y se pueden conseguir con mucha facilidad. Guarda las tuyas o pregunta a amigos y familiares. Tanto las brásicas como las hojas de ensalada y los guisantes germinan y crecen bien en hueveras, al igual que las hierbas anuales. Cuando llegue el momento de trasplantar las plántulas, simplemente debes arrancar los recipientes individuales y plantarlas enteras.

a

d

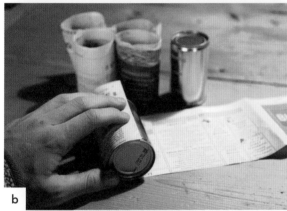

b

e

c

PARA PLANTAS MADURAS

HAZ TU PROPIO CONTENEDOR

Los objetos que desechamos pueden convertirse en recipientes para cultivar. Yo he creado un contenedor para hierbas con un neumático, pero puedes adaptar estos pasos a otros materiales. Consulta la página 36 para asegurarte de que el objeto elegido es lo bastante profundo para lo que quieres cultivar.

1. Consigue un neumático viejo de forma gratuita en una granja o en un garaje (les harás un favor, porque la recolección y eliminación comercial cuesta dinero).

2. Recoge algunas bolsas de compost vacías de amigos o vecinos. Córtalas a medida, hazles unos agujeros grandes y úsalas para revestir el interior del neumático. Utiliza dos bolsas si una no es suficiente.

3. Lo que debas usar para llenar el fondo dependerá del cultivo. Aquí he usado piedras pequeñas, pues a las hierbas que planto les gusta la tierra drenada. Si vas a plantar cultivos amantes de suelos húmedos, agrega ramitas, podas, hojas y recortes de césped.

4. Llena el neumático con una mitad de tierra y otra de compost y déjalo reposar unos días antes de añadirle una capa más. En esta etapa mezclé un poco de arena para que la tierra drenara mejor.

5. Ahora tienes el recipiente ideal para diferentes cultivos: yo planté hierbas en el mío, pero también puedes cultivar hojas de ensalada, alubias o fresas.

OTROS OBJETOS QUE PUEDES USAR
Cubos

En un cubo o una bandeja con orificios de drenaje podrás cultivar toda la cosecha de lechugas o fresas. Es fácil conseguirlos de tamaños distintos, pues hay muchos productos que vienen en ese formato y el envase suele desecharse. Los constructores a menudo tiran cubos que tienen algún agujero, que son ideales para cultivar plantas cuando se llenan con compost.

Cestas de la compra

Las cestas de la compra del supermercado desechadas tienen agujeros grandes, pero puedes utilizar una bolsa de compost vieja o un trozo de arpillera como revestimiento. Las asas permiten transportarlas con

facilidad. Es posible encontrar cestas oxidadas en callejones o en setos. Si no sabes de dónde vienen, sírvete tú mismo; ¡pero es mejor devolverlas si puedes!

Cajas de cartón

Una caja baja de cartón, forrada con viejas bolsas de compost, es un buen contenedor, especialmente para cultivos de rápido crecimiento, como rábanos y hojas de ensalada. Tras la cosecha, rómpela y conviértela en compost y guarda el plástico para la vez siguiente.

Barriles de cerveza

Los barriles de cerveza de plástico vacíos son ideales para judías verdes y patatas. Yo encontré un par de propietarios locales que estuvieron encantados de darme sus barriles vacíos.

Latas de pintura

Las latas de pintura con base de agua son buenos recipientes para las alubias trepadoras y las hojas de ensalada. Las que tienen asas son perfectas para cuando quieras apartar las hojas de ensalada del sol abrasador. Lava bien las latas antes de usarlas y recuerda hacer agujeros de drenaje en la base.

Esta caja de cartón se ha recubierto por dentro con una vieja bolsa de compost, igual que el macetero de neumático (ver pasos en la otra página), y se ha usado para cultivar lechugas.

Garrafas de plástico

Las garrafas de agua u otras bebidas, con la parte superior cortada y orificios de drenaje en la base van bien para plantas pequeñas, como hojas de ensalada y hierbas anuales. En un balcón, va muy bien cortarles la base y atarlas boca abajo a una barandilla, haciendo agujeros en las tapas para el drenaje.

PUEDES CONVERTIR UNA VIEJA BAÑERA EN UN BANCAL ELEVADO (¡SI LA ENCUENTRAS!).

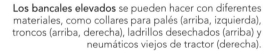

Los bancales elevados se pueden hacer con diferentes materiales, como collares para palés (arriba, izquierda), troncos (arriba, derecha), ladrillos desechados (arriba) y neumáticos viejos de tractor (derecha).

SOLUCIONES BARATAS PARA BANCALES ELEVADOS

Puedes hacer un marco para un bancal elevado con muchos materiales fáciles de obtener, o tejer uno con ramas de sauce. Otra opción es olvidarse por completo de tener un borde permanente y hacerlos simplemente con tierra amontonada.

Aquí menciono algunos materiales que puedes usar para hacer bancales elevados. Los míos no miden más de 1,2 x 3 m. Esta anchura me permite llegar al centro desde ambos lados y así ¡no me siento tentado de saltar por encima en lugar de dar la vuelta!

Bloques de cemento

Las obras y las tiendas de materiales de construcción son buenos lugares para conseguir bloques dañados o imperfectos. Los bloques de cemento son pesados, estables y, a menudo, huecos, lo que proporciona espacio para plantar hierbas o flores. Construir un bancal con ellos es sencillo, y luego puedes ampliarlo agregando bloques adicionales, algo mucho más fácil que crear un segundo bancal.

Piedras grandes o ladrillos desechados

Para hacer un bancal elevado de aspecto muy rústico, forma los lados con piedras grandes o ladrillos de paredes demolidas en zonas rurales, pero antes pide permiso. Habrá espacios entre las piedras, así que mantente alerta sobre las malas hierbas que crecen entre ellas. Con más piedras y un poco de creatividad, puedes hacer laterales de piedra seca.

Troncos

Talar un árbol inestable ofrece la oportunidad ideal para crear un hermoso bancal elevado de troncos. Pregunta a tus amigos o vecinos, ya que es posible que tengan pensado cortar algún árbol y no vayan a usar la madera. Si se corta en secciones regulares, será más fácil colocar la madera en los lados del bancal. Una vez que los troncos comiencen a descomponerse, úsalos para *hügelkultur* (ver p. 39).

Bancales tejidos

Pide permiso a algún propietario rural para recolectar ramas de sauce y avellano durante el invierno. Entretéjelas y, con un poco de práctica, podrás crear increíbles bancales elevados, ¡incluso redondos! Habrá que reemplazar las ramas pasado un tiempo, así que mantén un buen contacto con tu proveedor para garantizarte el suministro.

Neumáticos de tractor

Los neumáticos de tractor son tan grandes que uno solo basta para crear un bancal elevado para el cultivo de productos agrícolas. Cubre el interior con bolsas de compost viejas (primero hazles agujeros de drenaje) para evitar que las sustancias químicas de los neumáticos se introduzcan en la tierra.

Collares para palés

Este es, con diferencia, el bancal elevado más fácil de hacer. Los collares para palés empaquetados se venden planos. Al abrirlos, obtienes un bancal elevado instantáneo.

OTRAS POSIBILIDADES

Te he sugerido algunas ideas para bancales elevados que puedes hacer tú mismo para ir empezando, pero hay muchas más posibilidades para transformar o reutilizar materiales. La madera desechada es el material más fácil de conseguir, pero si solo puedes encontrar madera tratada químicamente, reviste los lados interiores con bolsas de compost viejas.

CREA UN BANCAL ELEVADO GRATIS

Una manera excelente de crear un bancal elevado sin necesidad de comprar ningún material es reciclar un viejo palé. Todo se puede reutilizar: las tablas de madera, los bloques e incluso los clavos.

Una vez usados, los palés se convierten en residuos industriales y constituyen un peligro de incendio. Eso significa que no tendrás que ir muy lejos para encontrar a alguien dispuesto a regalarlos. Usa solo madera marcada con el símbolo HT, que indica que ha sido tratada térmicamente y no con productos químicos, que podrían filtrarse a la tierra.

DÓNDE ENCONTRAR PALÉS

Los palés se utilizan en cualquier lugar donde se transportan mercancías, así que comienza a buscar en los siguientes lugares:

- Granjas y vendedores de productos agrícolas
- Almacenes
- Clubes deportivos

- Instalaciones municipales de residuos
- Plataformas en línea de intercambio

Deja los palés bajo la lluvia y prepáralo todo para hacer tu bancal elevado poco después. La lluvia empapará la madera y facilitará el desmontaje.

¿CUÁNTOS PALÉS?

Solo se necesita un palé para hacer un bancal elevado de 1,2 × 1,2 m y de dos tablas de profundidad. Aunque es poco profundo, basta para plantar muchos cultivos distintos, así que no te preocupes si solo tienes unos pocos palés pero quieres hacer varios bancales. Si tienes más, intenta hacer bancales más profundos para poder cultivar una variedad más amplia de frutas y verduras (*ver abajo*).

Con un palé se puede hacer un bancal elevado de 1,2 x 1,2 m y dos tablas de profundidad.

¿QUÉ PROFUNDIDAD DEBE TENER MI BANCAL?

 1 TABLA Lechuga, espinaca, acelga, rábanos, remolacha

 2 TABLAS Zanahorias pequeñas, fresas, hierbas perennes, alubias

3 TABLAS Brásicas, patatas, zanahorias, puerros, ruibarbo, alcachofas de Jerusalén

 4 TABLAS Grosellas, uva crispa

CÓMO CONSTRUIRLO

Estas instrucciones son para hacer un bancal elevado de dos tablas de profundidad, pero se pueden adaptar a la profundidad que desees. Reúne las herramientas y los materiales necesarios para el tamaño del bancal que deseas construir (ver más abajo).

1. Coloca el palé en el suelo (ver foto) y desmóntalo en las partes que se enumeran a continuación; yo uso una palanca y un martillo para hacerlo. Desmontar un palé parece complicado, pero no lo es. Coloca ocho de las tablas en cuatro pares para formar los cuatro lados del bancal. Sobrarán dos, que hay que cortar en tablas «cruzadas» más cortas para mantener unidos los pares.

2. Para hacer la primera tabla transversal, coloca una de las dos tablas de repuesto sobre uno de los pares (ver foto). Mide y corta la tabla para que tenga el ancho del par de tablas laterales. Repite este proceso hasta tener ocho tablas transversales cortas.

3. Pon una tabla transversal a 15 cm de cada extremo de uno de los cuatro pares de tablas laterales. Usa los clavos cortos para mantener el par unido de forma segura. Haz lo mismo en cada uno de los cuatro lados.

4. Alinea un bloque con el extremo de uno de los lados recién creados y clávalo con dos clavos largos. Haz lo mismo en el siguiente lado, a 90 grados, y clávalo al bloque para crear una esquina. Haz lo mismo en cada esquina para terminar el bancal. Si tienes suficientes bloques, agrégalos a la segunda capa como refuerzo.

HERRAMIENTAS Y MATERIALES

Necesitarás una palanca, un martillo y una sierra, y también:

Para un bancal de dos tablas de profundidad:
- un palé desmontado en 10 tablones del mismo largo
- 32 clavos cortos reutilizados
- 8 clavos largos reutilizados
- 4 bloques de palé

Por cada tabla extra de profundidad necesitarás:
- 6 tablas más
- 16 clavos cortos más
- 8 clavos largos más
- 4 bloques más

LLENA TU BANCAL ELEVADO

Una vez que hayas creado un bancal elevado y tengas compost o tierra, llenarlo es sencillo. Los métodos siguientes utilizan distintos materiales orgánicos para garantizar un medio rico en nutrientes para tus cultivos.

A la hora de llenar tu bancal elevado, no te preocupes si te falta compost o tierra (ver pp. 52-53). No hace falta compost ni tierra para el método de compostaje ni para el método de relleno.

EL MÉTODO ESTÁNDAR

Cuando construyo nuevos bancales elevados, suelo llenarlos con una mezcla mitad compost (o estiércol de corral bien descompuesto) y mitad tierra vegetal. Si no tienes mucho compost, llena el bancal con tierra hasta 10 cm por debajo de la parte superior, y luego termina con una capa de 5 cm de compost. Utiliza fertilizante líquido para nutrir plantas (ver pp. 72-75) y agrega una capa de compost cada otoño.

Si no tienes mucho compost, puedes llenar con tierra vegetal el bancal hasta que queden 10 cm y luego rellenar hasta arriba con una capa fina de compost.

EL MÉTODO DE COMPOSTAJE

- Este método convierte el bancal en una especie de compostador. No se puede empezar a plantar nada hasta el segundo año, ¡pero tendrás un sustrato de cultivo muy rico en nutrientes!
- **Año 1** Agrega materiales que se descompongan fácilmente, como recortes de césped y restos de comida, pero evita ramitas y astillas. Forma las capas mezclándolo todo bien al comienzo de cada mes y cúbrelo con cartón durante el invierno.
- **Año 2** Si quieres empezar a cultivar en el segundo año, haz huecos en el cartón a finales de primavera y planta calabacines (ver p. 147). Les encantan esos nutrientes, pero sus raíces no ocupan mucho espacio. Ya verás qué buena cosecha.
- **Año 3** Estará listo para plantar lo que quieras.

EL MÉTODO DE RELLENO

- Inspirado en la *hügelkultur* (*ver derecha*), es una manera excelente de aprovechar la capa superior de tierra que hay debajo del césped. Necesitarás algo de espacio en el césped para colocar el bancal y suficiente material orgánico para llenar el hoyo (yo uso astillas de madera, ver p. 70).
- Marca la ubicación final del bancal. Corta el césped de esa área y luego cava unos 15 cm de capa superficial del suelo. Guarda tanto la tierra como la hierba cortada.
- Pon la hierba cortada en el fondo del hoyo, luego sitúa el bancal elevado alrededor del hoyo. Llénalo con material orgánico de modo que la superficie quede a unos 5 a 10 cm de los lados del bancal; con el tiempo se hundirá más.
- Por último, cubre el material orgánico con la tierra que sacaste de debajo del césped. Rellena el bancal con tu compost casero cuando tengas.

1

EL MÉTODO HÜGELKULTUR

Este método no requiere mucha tierra y compost porque utiliza varias capas de materia orgánica. Funciona mejor en bancales más profundos y se basa en materiales que se descomponen con el tiempo para proporcionar una liberación lenta y sostenida de nutrientes a los cultivos. También ayuda a retener la humedad en periodos de clima seco.

1. Extiende papel de periódico sobre el fondo del bancal para evitar que crezca hierba o maleza. Luego llena el fondo con ramas de 3 a 5 cm de diámetro. También puedes usar troncos de un diámetro de menos de un tercio de la altura del bancal.

2. Agrega una capa gruesa de astillas de madera, luego una capa de paja, recortes de hierba, lecho usado de animales de granja y hojas de otoño (en las proporciones que desees) hasta llenar un poco más de dos terceras partes del bancal. Estos materiales son ligeros, por lo que se encogerán.

3. Llena el bancal hasta arriba con una mezcla mitad y mitad de tierra vegetal y compost. Deja que el lecho se asiente durante al menos 1 semana (idealmente, 2 o 3 semanas) y después rellena con más compost o, como mínimo, una capa de 5 cm de compost en la parte superior. Ya puedes empezar a sembrar.

2

3

¿LO SABÍAS?

En alemán, hügelkultur significa «cultivo de montículos». Se refiere a bancales elevados de lados abruptos, con cultivos que se nutren con madera podrida.

UN BANCAL EN EL SUELO

Si conviertes un área de césped en un bancal, podrás cultivar muchas plantas anuales, como alubias, calabazas, patatas, coles o remolachas. Solo necesitas una capa de tierra, buena preparación y entusiasmo.

COSAS PARA TENER EN CUENTA

Saturación del suelo

Las plantas pueden sufrir en suelos húmedos que se drenan lentamente después de periodos de lluvias prolongadas. Lo positivo es que no necesitarán tanta agua en periodos de calor y sequía. Agregar compost mejorará tanto el drenaje como la retención de agua.

Invasión de hierbas

Ten cuidado de evitar la proliferación de malas hierbas. Una solución económica es enterrar los tablones de los palés desmontados alrededor del perímetro o cubrir el área alrededor del bancal con cartones y luego con astillas de madera.

Horticultura al nivel del suelo

Como es lógico, estos bancales están a poca altura. Si sufres problemas de espalda, los bancales elevados y los contenedores pueden ser una mejor opción.

Babosas y caracoles

Los bancales sin bordes permiten un fácil acceso a babosas y caracoles. Ver pp. 160-163 para consejos sobre cómo proteger tus cultivos.

Expansión

Si deseas ampliar la variedad de tus cultivos, hacerlo directamente en el suelo abre oportunidades. Un sistema de bancales con espacio entre ellos para pasar una carretilla te permitirá aprovechar bien el espacio.

1

2

PREPARAR EL ÁREA

Se recomienda quitar el césped de la superficie para evitar malas hierbas, pero puedes crear un bancal sin excavar, cubriendo el césped con una capa gruesa de mantillo. Necesitarás un rastrillo, cartón, suficiente compost o estiércol bien descompuesto para hacer un montículo de 5 cm y astillas de madera para cubrirlo. Si no tienes suficiente compost, espera al año siguiente. Comienza en otoño para que el bancal tenga tiempo de asentarse y esté listo para plantar en primavera.

1. Corta el césped lo más corto posible y cubre la zona con al menos tres capas de cartón para evitar que el césped crezca.

2. Extiende una capa de compost de entre 5 y 7 cm sobre el cartón. Si tienes abundante suministro de compost, agrega una capa de hasta 15 cm.

3. Para proteger el lecho durante el invierno, esparce unos 7-10 cm de serrín sobre el compost.

4. Deja el serrín hasta que quieras plantar, pues esto evitará que las malas hierbas arraiguen. Quita el serrín con un rastrillo antes de plantar; puedes usarlo para hacer un sendero alrededor de tu bancal.

MANTENIMIENTO
Necesitarás cada año al menos 5 cm de compost, en otoño o a principio de primavera, para mantenerlo productivo. Retira cualquier hierba invasora y elimina las malas hierbas tan pronto aparezcan. Si te falta el compost, usa fertilizante líquido (ver pp. 72-75) y esparce hojas frescas de consuelda sobre la superficie para obtener una rápida inyección de nutrientes.

¿TIENES ESPACIO DE SOBRA?
Si no puedes utilizar todo el espacio de cultivo, cubre las zonas de suelo sin plantar con cartones cubiertos con piedras. Esto evitará que crezcan las malas hierbas y mantendrá la calidad del suelo hasta que puedas plantar en él.

COMIENZA A CULTIVAR EN EL ALFÉIZAR

El alféizar de una ventana es un lugar ideal para comenzar a cultivar temprano en la temporada, aumentar la cantidad de productos que puedes obtener de un pequeño espacio al aire libre y tener cultivos tiernos durante los meses de invierno.

Utiliza el alféizar de tu ventana desde finales de invierno hasta verano para cultivar plantas a partir de semillas. Cuando estén listas podrás trasladarlas al exterior. Esto significa que su temporada de crecimiento puede comenzar antes, que las plantas serán más fuertes y que el periodo desde la siembra hasta la cosecha será más corto, por lo que obtendrás una mejor producción de tu parcela.

UN ESPACIO SEGURO

Una de las mejores cosas del alféizar de una ventana es que ofrece refugio a las plantas. Yo aprovecho mis alféizares para que los calabacines y los tomates estén listos mucho antes de las últimas heladas. Obtengo mejores cosechas porque las plantas se pueden trasplantar tan pronto pasa la última helada. La fruta se desarrolla más temprano, tiene más tiempo para madurar, y el cultivo también se extiende.

Los alféizares no solo brindan protección contra los elementos. Muchas plántulas jóvenes son víctimas de plagas como ratones, babosas y caracoles. Hacer que comiencen en el interior las protege mientras crecen durante su periodo más vulnerable, y las hace menos atractivas para las babosas una vez que se trasladan al exterior.

Esta protección no es solo para las plántulas, ¡sino también para mí! Si llueve o hace mal tiempo, me cuesta tener que salir para revisar las plántulas, pero si están en el alféizar es mucho más cómodo. Junto al alféizar tengo siempre una botella de agua adaptada (ver p. 49) para regar las plántulas si las veo secas.

CÓMO TENER ÉXITO CON LA SIEMBRA SUCESIVA

Sembrar plántulas en los alféizares también es la clave para la siembra sucesiva. Se trata de un sistema mediante el cual se comienza un cultivo en el alféizar antes de que haya espacio para él en la parcela. Cuando se cosecha un cultivo exterior, las plántulas de interior se pueden trasplantar inmediatamente al espacio que queda libre. Esto brinda un mes más de crecimiento, ya que el desarrollo inicial de un cultivo tiene lugar en el interior al mismo tiempo que otro cultivo alcanza la madurez en el exterior. Esta práctica es muy beneficiosa en climas fríos porque es una forma de extender la temporada de crecimiento.

INTERCAMBIO DE PLANTAS

Finalmente, los alféizares ofrecen un espacio para colocar una variedad de plántulas en contenedores que puedes llevar a algún intercambio de plantas local (ver pp. 86-87). Esta es una de las formas más efectivas de cultivar semillas sobrantes y cambiarlas por plantas que no tienes.

Las plántulas que crecen en un alféizar están protegidas de los elementos, las plagas y las enfermedades en la etapa más temprana y vulnerable de su desarrollo.

IDEA

Si ves que tus plántulas comienzan a inclinarse buscando la luz cuando las tienes en el alféizar, gira los contenedores 180 grados. Esto hará que crezcan más derechas.

IDEA

¿Tu jardín es lo bastante grande para ceder una pequeña parte a un amigo que no tiene su propio espacio? Compartir recursos y tareas tiene como resultado una mayor productividad.

ORGANIZA TU ESPACIO

Poder cultivar alimentos en tu propio jardín es un gran privilegio y una oportunidad fantástica. No solo controlas el espacio, sino que también puedes organizarlo según tus necesidades y cultivar los alimentos que más te gustan.

Antes de dejarse llevar y dedicar todo el espacio a cultivar alimentos, es buena idea considerar todas las opciones que te ofrece tu espacio. Es posible que quieras un área de césped donde los niños puedan jugar, o un lugar soleado y protegido para sentarse a leer. Ambas cosas se pueden combinar con éxito con el cultivo de alimentos, por ejemplo plantando verduras en bancales elevados en el perímetro del césped o en contenedores alrededor de una zona para sentarse.

PRIORIDADES Y MOMENTO OPORTUNO
- Utiliza la lista de verificación TAOSA (ver p. 14) para establecer el potencial de tu jardín, luego piensa bien cómo dividirlo en secciones para lograr una configuración que se adapte a tus necesidades.
- Cultiva hojas de ensalada cerca de la casa, junto con contenedores para hierbas de cocina, para tenerlas más a mano.
- Instala tu compostador en un rincón tranquilo y sombreado con espacio en uno de los límites de la parcela para poder ampliarlo si hace falta.
- Recoge el agua de lluvia del tejado a través de la bajante y reserva un cubo grande para almacenar las aguas grises.
- Las plantas perennes es mejor ponerlas en el otro extremo del jardín porque necesitan menos mantenimiento.

- Lo ideal es cultivar hortalizas anuales en una zona orientada al sur para aprovechar al máximo el sol. Si no, la orientación al este también es buena.
- Asegúrate de tener espacio para una zona al aire libre para sentarse y relajarse, tal vez frente a las verduras anuales: así podrás contemplar los cultivos.
- Las plantas cultivadas en macetas o las plántulas en módulos listos para trasplantar es mejor situarlas cerca del suministro de agua, porque las macetas se secan más rápido que los bancales.

Sigue estas sugerencias como guía general, pero sé flexible y ajusta tu configuración si algo no te funciona o si tus necesidades cambian. Antes de tomar una decisión irrevocable, siempre recomiendo priorizar dos elementos esenciales: suministro y almacenamiento de agua y de compost.

Si tu prioridad es producir la mayor cantidad de alimentos posible, no tengas miedo de tomarte la primera temporada de crecimiento con calma. Es fácil subestimar el tiempo y la energía necesarios para cultivar a una escala razonable, así que divide el espacio en secciones y distribuye el trabajo en un periodo de tiempo realista. Esto no solo será menos complicado que tratar de ordenarlo todo de una vez, sino que también te dará tiempo para pensar en la estrategia de crecimiento a largo plazo (ver p. 182).

Yo he cubierto mi parcela con serrín para evitar las malas hierbas, y mi disposición es bastante variada. Algunos cultivos, como los calabacines, prefiero plantarlos en contenedores, y otros, como las hojas de ensalada, en bancales elevados.

HAZ TUS PROPIAS HERRAMIENTAS

Convertir objetos viejos en herramientas para el huerto no solo es satisfactorio, sino que no cuesta prácticamente nada. Los cepillos de escoba, por ejemplo, tienden a desgastarse, pero es fácil reutilizar los palos de madera.

Los cinco objetos siguientes son rápidos de fabricar y fáciles de usar. Es posible que tengas la mayoría de los componentes a mano o que puedas obtenerlos de forma gratuita.

a. Plantador

Un plantador minimiza la alteración del suelo y es muy útil para hacer agujeros a la hora de sembrar semillas más grandes (como alubias) y trasplantar plántulas (como puerros). El mango de madera que queda cuando se rompe la hoja de una pala es perfecto. Con una navaja, afila el extremo hasta obtener una punta roma y ya tienes un plantador de mango largo que te ahorrará tener que agacharte.

b. Palo para surcos de sembrar

Esta sencilla herramienta es ideal para crear zanjas poco profundas en bancales elevados o en la tierra, y en seguida verás que te resulta indispensable por el tiempo que ahorras. Toma un trozo de bambú grueso (o el palo de una escoba de madera vieja) de al menos 2,5 cm de diámetro, mide el ancho del bancal y corta el bambú para que quede un poco más corto. Presiona el bambú contra la tierra hasta la profundidad que deseas que tenga el surco, luego retíralo y ya tienes un surco para semillas recto e instantáneo.

c. Compost y cucharas de jardinería

Las garrafas de plástico de 2 litros sirven muy bien como cucharas de jardinería, porque ya tienen un asa y una tapa hermética. Reutilizar estos contenedores livianos y duraderos no puede ser más fácil. Corta simplemente la base en ángulo con unas tijeras y ya tienes la cuchara.

d. Herramientas de medición

Los cultivos anuales y perennes deben sembrarse o plantarse a diferentes distancias según el tamaño final de la planta, y una buena regla casera te ayudará a hacerlo correctamente. Necesitarás una madera recta de unos 60 cm de largo (por ejemplo, una tabla de palé o un palo de escoba recortado), una regla y un rotulador permanente. Con la regla contra la madera, marca las diferentes medidas a escala. La utilizarás con menos frecuencia al aumentar tu confianza sobre el espaciamiento de los distintos cultivos.

e. Pulverizador para plántulas

El volumen y la velocidad del flujo de una regadera normal son excesivos para las frágiles plántulas, y podrían dañarlas. Para obtener un rocío de agua mucho más fino, puedes usar un viejo pulverizador y darles a tus plántulas duchas muy ligeras. Los pulverizadores vacíos de productos de limpieza no tóxicos sirven muy bien, pero asegúrate de lavarlos bien antes.

HAZ TUS PROPIOS RECIPIENTES PARA REGAR

Las semillas y las plántulas son frágiles y necesitan un riego ligero y suave, mientras que las plantas maduras requieren que las empapes más. Puedes crear fácilmente tus propios recipientes de riego para cada planta.

Estos tres dispositivos cubrirán los requisitos de riego de todas las plantas de las que hablo en este libro en cada etapa de su desarrollo. Son ligeros y cada uno suministra agua a un ritmo distinto, así que habrá que usar uno u otro según las necesidades de cada planta.

EL CUBO REGADERA

Este dispositivo es la versión gratuita de una regadera con alcachofa. Necesitarás dos cubos del mismo tamaño, o un cubo que quepa en otro un poco más grande; el cubo más pequeño debe tener un asa. Los cubos que uso yo provienen de paquetes de bolas de sebo para pájaros y me los dieron amigos y vecinos que tienen comederos para pájaros.

1. Taladra con cuidado agujeros en la base del cubo más pequeño, o en cualquiera de los dos si encajan entre sí. Si deseas utilizar el cubo para regar hojas de ensalada y plántulas, haz muchos agujeros finos; para cualquier otra cosa, hazlos más grandes (haz uno de cada tipo si tienes suficientes cubos). Pide prestado un taladro si no tienes. No uses un martillo y un clavo porque el cubo se romperá.

2. Coloca el cubo en el que taladraste los agujeros dentro del cubo intacto y llénalo de agua. A mí me gusta sumergir ambos cubos en un recipiente más grande que ya esté lleno de agua, pero puedes simplemente verter agua de otro recipiente.

3. Lleva ambos cubos al área de cultivo, saca el segundo cubo y sostenlo sobre las plantas para regarlas (*ver a la derecha*). Coloca de nuevo el cubo lleno dentro del cubo intacto cuando termines de regar cada parte del huerto.

IDEA
Yo siempre tengo una botella llena de agua de lluvia junto a las plántulas del alféizar para poder regarlas cada día cuando hace calor.

Haz agujeros en una vieja botella de agua para crear un pulverizador para plántulas.

REGADERA CON UNA GARRAFA

Las garrafas de plástico pequeñas o medianas son regaderas perfectas porque te salen gratis, las hay de diferentes tamaños y ya tienen un asa de transporte. También son livianas y, a diferencia de las regaderas, tienen tapón de rosca, así que no derramas nada de tu preciada agua al transportarlas. En las pequeñas no cabe tanta agua como en una regadera, así que llena tres o cuatro a la vez. Son ideales para regar plantas individuales perennes y anuales, y también para plántulas grandes. Pero no las utilices para las plántulas jóvenes, porque el fuerte flujo de agua podría dañarlas.

BOTELLA PARA REGAR PLÁNTULAS

Una vieja botella de agua que pueda servir para rociar las plántulas es una de las herramientas más útiles y dura años. Toma una botella vacía y lavada de 500 ml y haz entre 5 a 7 agujeros muy pequeños en el tapón con un clavo (golpeando suavemente con un martillo) o con la punta afilada de un compás. Llena la botella de agua, enrosca el tapón... y ya está lista para usar. También puedes utilizar el pulverizador para plántulas de la página 46.

3

PRODUCE TU PROPIO COMPOST

CÓMO HACER COMPOST RICO
EN NUTRIENTES GRATIS.

TIERRA Y COMPOST: CONCEPTOS BÁSICOS

Estos dos ingredientes son vitales si planeas cultivar tus propios alimentos. Aunque son similares en apariencia, cada uno tiene sus beneficios y requiere un periodo de tiempo significativamente diferente para producirse.

Hay varios tipos de tierra, pero en general, cuando hablo de «tierra» o «humus», me refiero a la superficie del suelo, el material marrón que está justo debajo del césped, por ejemplo. Esta capa superficial del suelo, o humus, está formada por materia orgánica, vida microbiana, partículas minerales, aire y agua, y tiene un alto porcentaje de nutrientes.

Debajo de esta capa superficial se encuentra el subsuelo, de color más claro. Tiene menos materia orgánica y vida microbiana que la capa superficial y, a veces, hay piedras grandes.

El humus se forma después de siglos de erosión que descompone la piedra en partículas. Se puede tardar unos 200 años en producir 1 cm de esta tierra, y se considera un recurso no renovable.

¿QUÉ ES EL COMPOST?

El compost es material orgánico descompuesto. Es rico en nutrientes y tiene un color marrón más oscuro que el humus. Favorece la vida microbiana beneficiosa, clave para mantener las plantas sanas y resistentes a las enfermedades, especialmente si se siguen los métodos de excavación baja o nula que utilizo en este libro (ver p. 68).

Se puede preparar un buen compost para el jardín en tres meses con solo recortes de césped, papel triturado y hojas otoñales trituradas, pero prefiero trabajar con la naturaleza y producir compost en ciclos anuales con una amplia gama de ingredientes (ver pp. 64-67), para que se descomponga bien y contenga la proporción adecuada de nutrientes. Un año parece mucho, pero no es nada en comparación con el tiempo necesario para producir humus.

COMPOST *VS* HUMUS

Es posible cultivar plantas solo con compost o, a corto plazo, solo con humus (ver pp. 38-39). Si tuviera que elegir uno de los dos materiales para cultivar, optaría por el compost, porque suele contener una mayor cantidad de nutrientes.

Capa superficial del suelo

Subsuelo

Las diferentes propiedades de la capa superior y del subsuelo son claramente visibles en esta sección transversal.

La tierra (izquierda) y el compost (derecha) tienen aspectos muy diferentes. El compost es más oscuro y tiene terrones visibles, mientras que la tierra es más clara y fina.

EL EQUILIBRIO ADECUADO

El mejor medio de cultivo es una mezcla de compost y tierra, idealmente mitad y mitad, ya que las plantas cultivadas en tierra enriquecida con compost casi siempre serán más productivas que las que crecen solo en la tierra. Sin embargo, al comienzo de tu viaje, es posible que no hayas tenido tiempo de hacer compost, por lo que puedes usar tierra extra como agente de carga. Esto ayudará a garantizar que tu preciado compost dure el mayor tiempo posible hasta que hayas establecido un suministro suficiente para no tener que racionarlo.

IDEA

Si quieres cultivar solo con compost, debes asegurarte de que esté elaborado con una amplia gama de ingredientes para que mantenga un buen equilibrio de nutrientes.

USA COMPOST CASERO

Hay muchos usos para el compost en el huerto, desde ayudar a las plantas jóvenes a comenzar con buen pie, hasta garantizar que las plantas maduras y establecidas sigan dando grandes rendimientos.

Si un coche necesita combustible, un huerto necesita compost. Ten en cuenta que el compost casero puede contener semillas de malas hierbas, así que elimina las plántulas de malas hierbas que aparezcan. Si no puedes distinguirlas de tus plántulas, espera hasta que aparezca el primer par de hojas verdaderas. Si has plantado en una hilera ordenada y una plántula crece fuera, es probable que sea una mala hierba.

PLANTAR SEMILLAS
El compost casero es el medio de cultivo perfecto para plantar semillas. Muchas hortalizas son anuales y hay que sembrarlas desde cero cada año. A menudo se recomiendan mezclas de compost especiales con diversos ingredientes para plantar semillas, pero lo único que necesitas es compost. Hace 15 años que planto semillas con compost casero y funciona. Si, por ejemplo, estás sembrando guisantes secos en la cocina, solo tienes que llenar rollos de cartón con tu propio compost y meter dentro los guisantes.

Para sembrar semillas pequeñas, como de lechuga o tomate, algunas personas sugieren tamizar el compost antes de utilizarlo. Yo nunca lo hago, porque aun así las semillas crecen. Se puede sembrar directamente en compost en camas elevadas, contenedores o macetas pequeñas.

PASAR A MACETA Y TRASPLANTAR
Pronto necesitarás macetas para tus plántulas, otro uso para tu compost casero. Por ejemplo, las plántulas de brásicas o de lechuga sembradas muy juntas deben separarse para que tengan espacio para crecer. Yo las planto en macetas individuales con mi compost. Es posible que otras plántulas necesiten una maceta más grande (y más compost) para seguir creciendo hasta que suban las temperaturas. Si, por ejemplo, has sembrado tomates y la primavera comienza más tarde de lo esperado, deberás pasar las plántulas a macetas una o dos veces para que sigan creciendo.

Para trasplantar plántulas al suelo o a bancales elevados al aire libre, también puede necesitarse un poco de compost. Salvo que trasplantes directamente a compost fresco, siempre es una buena práctica echar un poco de compost al hoyo al plantar una plántula. Esto da un extra de nutrientes y da la bienvenida a la planta a su nuevo hogar.

Cuando trasplanto plantas anuales, como kale, a un bancal elevado, siempre pongo un puñado de compost en el fondo de cada hoyo. Acostúmbrate a añadir compost al trasplantar, y tus plantas te lo agradecerán. Especialmente las plantas perennes necesitan el mejor comienzo posible, por lo que al plantar un arbusto joven de grosella negra, por ejemplo, haz el hoyo dos veces más grande que el cepellón y echa siempre compost en el fondo y los lados del hoyo.

MEJORAR Y PROTEGER LA TIERRA
Una vez al año, relleno mis bancales elevados y los contenedores con entre 5 y 7 cm de compost para reponer los nutrientes consumidos por los cultivos anteriores (ver p. 156). Cubrir anualmente los bancales elevados y la tierra de las plantas perennes con paja fomenta una red terrestre de hongos y microbios beneficiosos que facilitan el crecimiento de las plantas y su resistencia a las enfermedades. Esta materia orgánica también es fantástica para retener la humedad y puede mantener las plantas saludables durante periodos prolongados de escasez de precipitaciones.

El compost tiene muchos usos,
sembrar (izquierda), trasplantar
(derecha, arriba) y mejorar el
suelo (derecha, abajo).

TRABAJAR SIN COMPOST

Cultivar sin compost en tu primera temporada de cultivo
no es tan difícil como podría pensarse. Cubre el suelo
con estos materiales para agregar nutrientes esenciales.

- Una fina capa de recortes de césped una vez cada
  pocas semanas
- 1 cm de posos de café cada mes
- Riega las plantas con fertilizante líquido diluido todos
  los meses (ver pp. 72-75)
- Agrega una capa de ceniza de madera cada año

TU COMPOSTADOR

Un dicho popular dice que la mejor época para plantar un manzano fue hace siete años, pero el segundo mejor momento es ahora. Esto también se puede aplicar a poner en marcha un compostador, pero al menos solo lleva un año ponerse al día.

Si tu objetivo es producir gran cantidad de alimentos, especialmente si los cultivas de forma gratuita, un compostador es vital. Puedes decidir que necesitas uno, cuatro o más, pero crear tu propio compost es lo más importante que puedes hacer.

LLENARLO

Empieza ahora y concentra tu energía en llenar tu primer compostador lo antes posible. Cuanto antes empieces, antes podrás dejar que el contenido se descomponga, y en un año (o menos) tendrás tu propio compost. Utiliza recursos de tu hogar y consigue suministros gratuitos de otros lugares (ver pp. 64-67).

Una vez que hayas creado y llenado tu primer compostador, habrás adquirido más conocimientos sobre los mejores lugares para obtener materiales de compostaje en tu zona, así como sobre el mejor momento para recolectarlos. Esto acelerará el proceso de llenado de compostadores adicionales.

¿CUÁNTO TARDA?

Un año puede parecer mucho tiempo, pero no te preocupes demasiado por no tener compost casero durante el primer año. Es posible cultivar plantas sin compost, siempre y cuando tengas algo de capa superior de tierra (ver p. 38), especialmente si te concentras en plantas perennes durante el primer año (ver p. 78). Te recomiendo que durante ese tiempo, una vez que hayas llenado tu compostador, le des la vuelta a su contenido cada mes. De esta manera deberías tener compost en seis meses y, con suerte, a tiempo para abonar en otoño, para lo cual es esencial.

Por otra parte, también puedes adoptar otro enfoque y concentrarte en instalar toda tu infraestructura antes de comenzar a sembrar y plantar. Luego podrás empezar a plantar en serio durante el segundo año, cuando tu compost esté listo.

La buena noticia es que dondequiera que coloques tu compostador, producirás compost; es solo cuestión de tiempo. El mejor punto para colocarlo es un lugar soleado y protegido, ya que el calor ayuda a acelerar la descomposición. Sin embargo, se deben priorizar los lugares soleados y protegidos para los cultivos, por lo que suele ser mejor colocarlo en una zona sombreada del jardín. Si tienes un jardín grande, quizá esto no sea un problema.

La cantidad también es importante. Cuanto más grande sea el compostador y más materia pongas dentro, más rápido será el proceso de compostaje, pues el calor acelera la descomposición, y una gran pila de material de compost se calienta y retiene el calor más fácilmente que una pequeña.

El compost es la moneda de cambio del jardín y ayudará a garantizar que tus plantas crezcan y prosperen. Nunca te va a sobrar el compost: cuanto más tengas, más podrás cultivar; pero asegúrate de racionarlo si se te está acabando, y da prioridad a la siembra y al abonado. También puedes aumentar el volumen de tu compost con mantillo de hojas (ver p. 59) o humus.

Dale la vuelta al contenido del compostador cada 1 o 2 meses y acelerarás la descomposición de los materiales.

SOLUCIONES ECONÓMICAS PARA UN COMPOSTADOR

Puedes hacer compost en compostadores de muchos tipos. Incluso si solo tienes una terraza o un balcón, también hay soluciones más reducidas que te servirán igualmente. Elige la que se adapte mejor a tu espacio.

Hay muchos tipos de compostadores que son fáciles de fabricar con materiales económicos. Aquí tienes algunos que puedes probar a construir tú mismo.

a. Compostador de tablones de palé
Yo fabrico mis compostadores con tablones de palés rotos y postes de madera recuperados. Son muy fáciles de montar (ver pp. 60-61).

b. Compostador de palés
Para esta versión simplificada de mi compostador basta con unir cuatro palés con cuerda o alambre. Si no te importa tanto el aspecto y necesitas una opción rápida, este es tu compostador.

c. Compostador de tela metálica
La tela metálica de los gallineros o las vallas se puede reutilizar para hacer un compostador muy sencillo. Utiliza cuatro postes como marco y envuelve el alambre a su alrededor para hacer un cubo cuadrado. O bien opta, si lo prefieres, por una forma circular.

d. Compostador tejido
Esta es una solución estupenda y barata si tienes a mano un buen montón de ramas. Clava en el suelo 8 o 9 ramas gruesas de 1,2 m en un círculo de 1 m de diámetro y entrelaza ramas más finas para crear los laterales. El avellano y el sauce van muy bien.

¿TIENES POCO ESPACIO?
Si solo cuentas con un espacio reducido, sobre todo si vives en un piso con balcón, estas soluciones de bajo coste pueden resultar demasiado grandes. El compost tarda más en descomponerse en cubos pequeños, pero aun así podrás hacer una buena cantidad.

En espacios más pequeños, puedes convertir un cubo de basura pequeño o un recipiente de 25 litros con tapa en un cubo de compostaje haciendo agujeros en la base y los laterales para que se ventile. Colócalo sobre varias capas de cartón o sobre ladrillos si solo tienes una superficie dura. Si empieza a oler mal, mezcla paja, cartón, hojas muertas y/o serrín y vuelve a comprobarlo al día siguiente. Si sigue oliendo mal, añade más. Esto debería resolver el problema.

MANTILLO DE HOJAS
Un contenedor de tela metálica es ideal para hacer mantillo de hojas, que retiene muy bien la humedad y puede mezclarse con el compost para la siembra, añadirse como material extra en un bancal elevado o utilizarse para cubrir la tierra de las plantas perennes. En otoño suele haber grandes cantidades de hojas secas. Basta con llenar el cubo y dejar que las hojas se pudran durante al menos dos años antes de utilizarlas. Si las mezclas con posos de café, acelerarás el proceso.

CONSTRUYE UN COMPOSTADOR GRATIS

Puedes hacer un compostador resistente y funcional con tablas de palés y cuatro piezas de madera recuperada, como postes viejos para cercas. Tanto si vives en la ciudad como en el campo, estos materiales son fáciles de conseguir y a menudo se regalan.

CÓMO CONSTRUIRLO

Hay muchos lugares donde se pueden conseguir palés de forma gratuita (ver p. 36). Necesitarás dos o tres para hacer un compostador de 1 m de alto como este. Intenta conseguirlos con tiempo y déjalos bajo la lluvia unas horas. Esto empapará la madera y facilitará el desmontaje. Yo usé tornillos que ya tenía para construir este compostador. Si no tienes, puedes usar los clavos del palé (o incluso una mezcla de tornillos y clavos).

1. Desmonta los palés hasta tener los materiales necesarios (*ver página opuesta*). Ponte guantes y protección para los ojos, y usa un poco de fuerza bruta. Al desmontar el palé en piezas, retira los clavos con el martillo y guárdalos. Antes de empezar, ordena la madera para asegurarte de que lo tienes todo.

2. Mide la longitud de las tablas del palé y coloca dos postes horizontalmente en el suelo separados por la misma longitud. Coloca una tabla sobre los dos postes en un extremo. El borde exterior no debe sobresalir de los bordes de la tabla. Atornilla la primera tabla del palé a los postes. Haz lo mismo en el otro extremo de los postes con la segunda tabla, luego con tres tablas más para crear un lado de listones.

3. Coloca los otros dos postes en el suelo como antes y repite el paso 2, usando cinco tablones de palé más y 10 tornillos para crear el segundo lado de listones.

Coloca los dos paneles laterales completos, con los postes hacia abajo como en la imagen. Sitúa un juego de cinco tablones de palé al lado de cada uno, separados por los mismos intervalos. Deberías tener dos lados y 10 tablas.

4. Lo ideal es que otra persona te ayude a unir los dos paneles. Es un poco complicado hacerlo solo, pero es posible (con un poco de cuidado, un taladro y en un terreno plano). Dale la vuelta a uno de los paneles laterales, con el poste apoyado en el suelo y mirando hacia dentro. Usa una tabla para mantenerlo vertical si está inestable. Haz lo mismo con el otro lado, para que la distancia entre los dos sea la longitud de la tabla del palé. Atornilla la primera tabla a la parte superior de los dos lados (sin que sobresalga) y luego atornilla una segunda tabla a la base. Haz lo mismo con las tres tablas restantes.

5. Dale la vuelta a esta estructura de tres lados de modo que el cuarto lado abierto quede hacia arriba. Atornilla las cinco tablas restantes como en el paso 4. Debería ser mucho más fácil porque la estructura es más estable. Ya tienes un compostador.

HERRAMIENTAS Y MATERIALES

Necesitarás guantes, protección para los ojos, una palanca, un martillo y un destornillador (mejor si es sin cable; si no tienes, intenta pedir prestado uno), además de:

- 4 postes viejos de aproximadamente 1 m de altura, por ejemplo del marco de una puerta
- 20 tablones de palé, todos de la misma longitud
- 40 tornillos

4 **5**

RECETAS DE COMPOST

Para producir un compost de alta calidad no basta con amontonar todos los residuos y dejarlos ahí. Necesitas la proporción correcta de los diferentes materiales.

Los ingredientes del compost se dividen en dos categorías básicas: materiales marrones y materiales verdes, y ambos son cruciales para un compostador saludable. Los marrones son sustancias ricas en carbono, que generalmente están secas y, por lo tanto, son livianas; son los componentes básicos de la materia vegetal. Los verdes son todos los materiales ricos en nitrógeno, que suelen ser más pesados que los materiales marrones porque contienen humedad. El nitrógeno es necesario para el crecimiento y funcionamiento saludable de las células vegetales.

No te confundas por el color real de los materiales: los posos de café son marrones, pero se clasifican como material verde porque contienen mucho nitrógeno. Consulta mi lista de materiales (*ver página opuesta*) y con más detalle en las páginas 64-67.

DOS PARTES MARRÓN Y UNA PARTE VERDE

Es una proporción muy fácil de recordar; simplemente agrega dos cubos de material marrón al compostador por cada cubo de material verde. Sigue esta proporción y es poco probable que tengas problemas.

Yo suelo llenar mi compostador en capas, como si hiciera una lasaña (*ver página opuesta*). Pero en realidad no importa si mezclas diferentes materiales verdes o marrones en la misma capa. Tendrás varios tipos de material disponibles en diferentes épocas del año, y la diversidad es una clara ventaja para producir un compost de calidad.

En términos generales, y siempre que te ciñas a la proporción correcta, cuanto más diversos sean los materiales del compost mejor será su calidad. Puedes mantener las recetas simples, solo asegúrate de usar las proporciones correctas de cada color.

MANTENER TU COMPOSTADOR

Un par de meses después de llenar un compostador, le doy la vuelta al contenido para combinar todos los ingredientes y que entre aire. Utilizo una horca para levantar el material del fondo del contenedor y trasladarlo a la parte superior. No es estrictamente necesario, pero acelera el proceso. Si utilizas materiales finos (como papel de periódico triturado) y les das la vuelta cada mes, podrías tener compost listo para tu huerto en seis u ocho meses. Sin embargo, la mayoría del compost tarda alrededor de un año en alcanzar una buena textura y calidad.

IDEA

Una vez que tu compostador esté lleno, y si tienes espacio, ¿por qué no empezar a hacer otro?

QUÉ PONER EN EL COMPOSTADOR

Es importante saber qué materiales son «verdes», cuáles son «marrones» y cuáles hay que evitar compostar.

Materiales verdes

- Restos de frutas y verduras
- Podas de plantas de madera blanda
- Malas hierbas sin semillas
- Excrementos de conejo, pollo, pato y cobaya
- Estiércol de caballo y vaca
- Recortes de césped
- Posos de café

Materiales marrones

- Periódicos, papel (no revistas) y cartón
- Serrín (de madera sin tratar)
- Hojas muertas
- Hierba seca
- Materia vegetal muerta
- Ceniza de madera de hoja caduca

Qué cosas no se deben compostar

Algunas cosas simplemente no son adecuadas para el compost doméstico porque, por ejemplo, pueden atraer ratas, segregar productos químicos o emitir olores desagradables. Estos son algunos materiales que hay que mantener fuera del compostador:

- Queso, leche y otros productos lácteos
- Carne y huesos
- Heces y arena sobrante de perros y gatos
- Hierbas que han echado fruto
- Material vegetal enfermo
- Papel satinado

Capa verde — Hojas muertas — Posos de café — Periódicos — Restos de frutas y verduras — Hierba seca — Recortes de hierba — Capa marrón

El método de la lasaña consiste en agregar capas de material verde y marrón al compostador, una tras otra.

OBTÉN MATERIALES GRATUITOS PARA COMPOSTAR

¡Nunca se tiene demasiado compost! Estos son materiales que puedes utilizar para llenar tu compostador; busca primero en casa y, si te falta algo, busca en otros lugares.

Recuerda, no necesitas todos estos elementos para hacer buen compost; lo que tengas funcionará si te ciñes a las proporciones correctas (ver p. 62).

a. Restos de frutas y verduras

Los restos de frutas y verduras crudas tienen un alto contenido en nutrientes. Recoge sobras en casa, de los vecinos o pregunta en un restaurante o bar local. Si quieren ayudarte, dales un recipiente para que te lo llenen. Evita materiales inadecuados (ver p. 63).

- **Qué** Material verde para el nitrógeno
- **Dónde** Ciudades y zonas rurales
- **Cuándo** Todo el año
- **Cómo** Agrega capas de hasta 10 cm de espesor o mezcla con un material marrón, como papel triturado

b. Estiércol de caballo y de vaca

Si tienes animales, tendrás acceso a este material; si no, intenta intercambiar tus productos de cosecha propia por estiércol. Muchas granjas y establos tienen grandes montones de estiércol bien podrido, y podrás llevarte una gran cantidad si mueves bien tus fichas. Trata de encontrar un lugar donde los animales sean alimentados con cultivos orgánicos o con piensos naturales, ya que los pesticidas pueden permanecer en el estiércol.

- **Qué** Material verde para el nitrógeno
- **Dónde** Zonas rurales
- **Cuándo** Todo el año
- **Cómo** Agrega estiércol (sin paja) a tu compostador en capas de no más de 5 cm de espesor

a

b

SI TRITURAS LAS HOJAS
CON UNA CORTADORA DE
CÉSPED SE DESCOMPONEN
MUCHO MÁS DEPRISA QUE
SI LAS PONES ENTERAS.

c. Hojas muertas

Son un buen recurso gratuito, pero desaparecerán si no las recoges rápidamente. Comienza con las de tu jardín y, si necesitas más, intenta recoger en las lindes de caminos rurales tranquilos. También puedes llevarte bolsas que sacan a la calle los propietarios de jardines. En zonas urbanas, habla con el ayuntamiento sobre la recogida de hojas en parques locales.

- **Qué** Material marrón para el carbono
- **Dónde** Ciudades, suburbios y zonas rurales
- **Cuándo** De mediados a finales de otoño
- **Cómo** Las hojas se compostan muy despacio, por lo que puedes hacer un compostador de tela metálica (ver p. 59) o añadirlas a tu montón de compost en capas finas

d. Recortes de césped

Los recortes de césped son uno de los ingredientes de compost más fáciles de obtener, especialmente si tienes un césped que cortas tú mismo. Si no tienes, pídeselos a tus vecinos con jardín.

- **Qué** Materiales verdes para el nitrógeno
- **Dónde** Ciudades y zonas rurales
- **Cuándo** De comienzos de primavera a finales de otoño
- **Cómo** Agrega capas de no más de 3 cm de espesor para que no formen una masa

IDEA

Utiliza solo recortes de césped de un jardín sin tratar. Los pesticidas matan los microbios beneficiosos del suelo y pueden afectar negativamente a tus plantas.

c

d

Papel triturado

Si tú o un miembro de tu familia trabajáis desde casa, guarda el papel triturado. Si no, acude a abogados, contables y otros entornos de oficina locales, que a menudo tienen una gran cantidad de papel del que deshacerse. Pero recuerda evitar el papel satinado, que puede contener pigmentos químicos.

- **Qué** Material marrón para carbono
- **Dónde** Suburbios y ciudades
- **Cuándo** Todo el año
- **Cómo** Añade capas de hasta 5 cm

e. Periódicos y cartones

Si no compras periódicos ni recibes muchos paquetes, estos materiales se consiguen fácilmente en bares, hoteles, restaurantes y tiendas. La mayoría de los periódicos utilizan tintas a base de agua y soja. Las tintas que no se corren al frotarlas son seguras para el compost; una mancha oscura y aceitosa indica tinta a base de petróleo, que debe evitarse.

- **Qué** Material marrón para el carbono
- **Dónde** Ciudades, suburbios y zonas rurales
- **Cuándo** Todo el año
- **Cómo** Cortar en trozos pequeños y añadir en capas de hasta 5 cm de grosor

Cabello humano

Quizá te sorprenda saber que se puede añadir cabello humano al compostador. Tiene un alto contenido de nitrógeno, por lo que no necesitas mucho. Acude a los peluqueros locales para obtener suministros.

- **Qué** Material verde para el nitrógeno
- **Dónde** Ciudades, suburbios y zonas rurales
- **Cuándo** Todo el año
- **Cómo** Espolvorea en finas láminas

f. Excrementos de conejo, pollo, pato y cobaya

Puedes echarlos tranquilamente al compostador: este estiércol contiene muchos nutrientes. Averigua si tus vecinos tienen animales. Lo ideal es que la comida de los animales sea 100 % natural y que el lecho esté libre de productos químicos.

- **Qué** Material marrón y verde para el carbono y el nitrógeno
- **Dónde** Ciudades, suburbios y zonas rurales
- **Cuándo** Todo el año
- **Cómo** Añade al compost en capas de hasta 20 cm

e

f

g. Serrín y astillas de madera

Los aserraderos son una fuente fantástica de serrín y virutas de madera. Para astillas de madera, busca jardineros locales, que estarán encantados de librarse del material de poda triturado. También es posible que veas pequeños montones de astillas de madera donde se han realizado trabajos en los árboles.

- **Qué** Material marrón para el carbono
- **Dónde** Suburbios y zonas rurales
- **Cuándo** Todo el año
- **Cómo** Espolvorea serrín al añadir otros materiales. Sé moderado con las astillas de madera y utiliza solo astillas pequeñas en capas finas.

h. Posos de café

Los posos de café tienen mala prensa, pero yo llevo años usándolos con buenos resultados. Tienen un alto contenido de nitrógeno, su pH es casi neutro y el material es fino y se descompone rápidamente. Los puedes sacar de tu cafetera y también puedes pedirlos a una cafetería local.

- **Qué** Material verde para nitrógeno
- **Dónde** Ciudades, suburbios y zonas rurales
- **Cuándo** Todo el año
- **Cómo** Espolvorea en el compost en una capa fina

ACUDE A TUS VECINOS

Para obtener un suministro regular de desechos domésticos, como restos de verduras, cartón, hojas y recortes de césped, los vecinos son tu mejor fuente. Si te has mudado recientemente a la zona, preséntate y haz tu solicitud con una nota en el buzón. Para los restos de comida, dale a cada vecino un recipiente limpio, pídele que lo deje fuera y organiza la recolección. Ofrécete a recoger cartón, hojas y recortes de césped en persona en un momento conveniente. A cambio, una oferta de productos (o incluso esquejes de plantas) siempre será bienvenida.

IDEA

Si quieres que tu mantillo de hojas se descomponga más deprisa, échale varios puñados de posos de café.

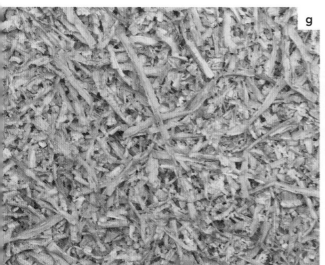

g

h

PERMACULTURA

La permacultura, un sistema inspirado en la naturaleza, es la base de mi forma de cultivar. Si sigues sus principios ecológicos, puedes estar seguro de que todo lo que cultives se producirá con los métodos más naturales y sostenibles posible.

«Permacultura» combina «permanente» y «agricultura» y la acuñaron en la década de 1970 dos australianos, Bill Mollison y David Holmgren. Su objetivo era crear paisajes sostenibles y productores de alimentos utilizando la naturaleza como inspiración. Holmgren enunció después los 12 principios de la permacultura, que son pautas para crear diseños sostenibles, pero no dejes que la palabra «diseño» te desanime. Se puede aplicar a algo tan simple como encontrar la mejor ubicación para un bancal elevado.

PONER EN PRÁCTICA LA PERMACULTURA

Mi principio de permacultura favorito es «observar e interactuar». Doy un paso atrás, observo con atención lo que sucede en el huerto en un cierto periodo y se me ocurren ideas para mejorar el espacio y aprovechar al máximo cualquier oportunidad. A nivel más simple, es observar el sol durante un día, ver cuál es el rincón más sombreado y poner allí un compostador.

En la práctica, la permacultura consiste en trabajar con la naturaleza y no en contra de ella. Llevo más de 15 años cultivando alimentos de forma orgánica y sin querer ni necesitar productos químicos como fertilizantes o insecticidas. En cambio, he aplicado estrategias que mantienen el suelo y las plantas saludables y las analizo en este libro.

HORTICULTURA SIN CAVAR

La práctica de la horticultura sin cavar, popularizada por Charles Dowding, sigue los principios de la permacultura porque es un método inspirado en la naturaleza. Piensa en los ciclos naturales de un bosque caducifolio. Cada otoño, las hojas caen al suelo, donde se descomponen y, con la ayuda de microorganismos, devuelven los nutrientes al suelo. Estos nutrientes son luego absorbidos por los árboles y promueven su crecimiento y mantienen su salud.

Los bosques son autosostenibles y reciclan sus recursos, lo que les permite prosperar durante siglos sin fuentes adicionales de nutrientes.

Sin embargo, un huerto se diferencia de un bosque en un aspecto importante: nosotros extraemos del ciclo nutrientes en forma de cosechas. Por tanto, debemos añadir compost (materia orgánica) para completar los niveles de nutrientes y mantener el ciclo sano. Tradicionalmente, los jardineros solían enterrar materia orgánica en el suelo, pero esto no solo destruye la estructura del suelo, sino que también perturba a los gusanos y microorganismos que viven allí. Es mucho más efectivo esparcir materia orgánica sobre la superficie, donde se descompondrá naturalmente y alimentará el suelo de debajo.

En resumen, aquí hay tres razones clave para emplear el método sin cavar:

- **Retención de humedad**
  Un medio de cultivo con su estructura natural intacta captura y retiene más agua que el suelo excavado. Obtendrás beneficios en climas cálidos y sequías.

- **Reducción de malas hierbas**
  Enterrar materia orgánica en el suelo hace que las semillas de las malas hierbas puedan germinar. Agregar una capa de materia orgánica como mantillo hará que germinen muchas menos.

- **Gratis y fácil**
  Una vez que estés produciendo tu propio compost casero, agregar una capa anual a tu parcela para alimentar el suelo no cuesta nada. Extenderlo por encima supone mucho menos esfuerzo que cavarlo y no causa ningún daño.

El compost casero debe oler a tierra, como el suelo del bosque. Si no, no está listo para usarlo directamente (pero puede usarse como mantillo y como relleno de bancales en otoño).

ASTILLAS Y BIOCARBÓN

Las astillas son un excelente mantillo y mejoran la capacidad de retención de humedad del suelo. El biocarbón es carbón vegetal que, una vez activado, añade nutrientes y estructura al suelo. Ambos pueden obtenerse de forma gratuita.

ASTILLAS

Un fantástico recurso gratuito para tu huerto son las astillas, que puedes utilizar como mantillo. Cuando se descomponen, liberan nutrientes que contribuyen a una estructura saludable del suelo.

Las mejores astillas de madera para mantillo y compostaje se crean cortando ramas grandes recién podadas. Esto recibe el nombre de «astillas sucias». Muchos jardineros esperan a que las ramas podadas se sequen y las hojas se caigan antes de ponerlas en la trituradora; a esto se le llama «astillas limpias».

La forma más sencilla de conseguir astillas sucias es pedírselas a un podador de árboles. Es posible que tenga que pagar para librarse de ellas y estará bien dispuesto a dártelas gratis. Si vives en el campo, es posible que algún vecino tenga su propia trituradora. Si es así, pregúntale si puedes llevarte sus astillas o incluso pídele prestada la trituradora.

Utiliza solo astillas de árboles de hoja ancha, pues las de madera blanda, como el pino, pueden ser muy ácidas y afectar negativamente a los cultivos.

PREPARAR LAS ASTILLAS PARA USARLAS

Haz compost con astillas sucias y úsalo para cultivar plantas anuales. Ponlas en un compostador grande y déjalas durante 2 o 3 años. Dales la vuelta una vez cada invierno y verano. Tras ese tiempo, tendrás un hermoso mantillo que retendrá la humedad y que podrás usar en tus plantas anuales. También puedes utilizar tus astillas compostadas en una mezcla mitad y mitad con compost para sembrar semillas y trasplantar plántulas. Por otro lado, puedes usar astillas sucias de inmediato como mantillo para tus plantas perennes.

Las astillas limpias son perfectas para usarlas directamente como mantillo en frutas perennes en otoño y primavera: controlan las malas hierbas y

Las astillas sucias son una mezcla parcialmente descompuesta de madera, corteza y hojas. Se crean cuando un podador de árboles introduce ramas frescas en una trituradora de madera.

mantienen los niveles de humedad en el medio de cultivo. Úsalas para plantas perennes en macetas, bancales elevados o directamente en el suelo. Una vez cada 1 o 2 años, agrega una capa de 5 cm de compost o estiércol bien descompuesto y un par de puñados de ceniza de madera alrededor de la base de la fruta perenne antes de cubrirla con unos 5-7 cm de astillas para dar un impulso de nutrientes. También puedes utilizar astillas limpias para crear caminos alrededor de tu espacio de cultivo.

5 CM DE ASTILLAS EVITAN LA MAYORÍA DE LAS HIERBAS Y RETIENEN LA HUMEDAD.

BIOCARBÓN

Hay opiniones contradictorias sobre la idoneidad de estos pequeños trozos de carbón vegetal rico en carbono como aditivo para el suelo. Después de leer muchos estudios, creo que el biocarbón activado (biocarbón empapado en un líquido rico en nutrientes) proporciona un buen medio para mejorar la fertilidad de los suelos pobres. Esto se debe a que, una vez absorbidos los nutrientes del líquido nutritivo, el biocarbón los libera lentamente en el suelo. También es un buen hábitat para los microorganismos del suelo, pues es poroso y retiene la humedad.

OBTENER BIOCARBÓN

El mejor lugar para encontrar biocarbón es donde hayan quemado leña, como una zona de acampada o una chimenea: cuanto más grande sea el fuego, mejor. Evita los incendios en que se hayan quemado plásticos o biomasa no leñosa, y no uses carbón de barbacoa, que a menudo contiene contaminantes no deseados. El carbón se crea por pirólisis: combustión a alta temperatura sin oxígeno. Es negro oscuro, muy quebradizo y se puede aplastar fácilmente.

Recoge los pedazos, ponlos en una bolsa resistente y usa una piedra para triturarlos en fragmentos más pequeños. Tu biocarbón ya está listo para ser activado.

ACTIVAR Y APLICAR EL BIOCARBÓN

Solo necesitas un cubo, agua y algo para usar como activador: fertilizante líquido para plantas diluido, agua con puñados de compost o incluso orina sin diluir. Coloca el biocarbón en un cubo, cúbrelo con agua y activador y déjalo reposar una semana.

Para usarlo, mézclalo con su medio de cultivo a razón de no más de una parte de biocarbón por cada nueve partes de medio de cultivo. Puedes utilizar esta mezcla para rellenar macetas o bancales elevados.

Por otro lado, si tienes un buen suministro, utiliza biocarbón como ingrediente de compostaje sin necesidad de activarlo. Simplemente agrega un puñado al compostador de vez en cuando y el biocarbón se activará naturalmente con el tiempo.

Activa el biocarbón con el activador elegido (*izquierda*) y mézclalo con compost o cubre ligeramente los bancales y contenedores con él (*arriba*).

HAZ TU PROPIO FERTILIZANTE LÍQUIDO Y DE CONSUELDA

El fertilizante líquido es una solución rápida si las plantas parecen un poco desnutridas, y es una necesidad para las plantas frutales en flor en contenedores. Llevar los nutrientes líquidos directos a las raíces hace que sean mucho más fáciles de absorber.

Yo hago mi propio fertilizante líquido y de consuelda (*ver página opuesta* y pp. 74-75) porque son sustitutos útiles del compost, y la materia vegetal se puede agregar al compostador más tarde para que no se desperdicie nada. Los fertilizantes líquidos dan un impulso instantáneo a las plantas frutales cultivadas en contenedores, como los tomates, o a las plantas que parecen desnutridas y tienen hojas pálidas; los beneficios de cubrir la tierra con compost, por otro lado, tardan algún tiempo en penetrar hasta las raíces. También puedes utilizar fertilizante líquido en suelos pobres para dar a las plantas que crecen en estos un impulso extra de nutrientes.

Una vez que tengas un suministro abundante de compost, podrás usarlo para cubrir contenedores y bancales, y tendrás menos necesidad de fertilizante líquido. Sin embargo, es posible que aún quieras usarlo para frutas y plantas en contenedores.

APLICAR Y ALMACENAR EL FERTILIZANTE

Diluye siempre el fertilizante concentrado, y no uses más de una parte de fertilizante por siete partes de agua. Llena una regadera con fertilizante diluido y riega la tierra de las plantas.

Guarda el fertilizante en un lugar fresco y oscuro para reducir el crecimiento de algas en las botellas. El fertilizante líquido no se pudre (¡ya huele bastante para empezar!), pero yo prefiero usar el mío en menos de un año.

LAS PLANTAS ABSORBEN LOS NUTRIENTES LÍQUIDOS MUCHO MÁS RÁPIDA Y FÁCILMENTE QUE EL COMPOST.

NUTRIENTES: N, P, K

Los distintos materiales utilizados en los fertilizantes líquidos contienen diferentes niveles de nitrógeno, fósforo y potasio (NPK), y es mejor adaptar el tipo de fertilizante a la planta o a su etapa de crecimiento. Por tanto, ¿qué aportan exactamente el nitrógeno, el fósforo y el potasio a nuestras plantas?

- **El nitrógeno (N)** es el nutriente clave para el crecimiento sano y verde de las hojas. Se obtiene de ortigas, recortes de hierba y estiércol de pollo.
- **El fósforo (P)** es vital para el desarrollo saludable y completo de las plantas. El estiércol de pollo y otros animales es una buena fuente.
- **El potasio (K)** ayuda a la formación y crecimiento de los frutos. El estiércol de oveja y la consuelda son fuentes ricas en potasio.

1

2

HACER FERTILIZANTE LÍQUIDO

Hacer este fertilizante líquido es muy fácil, pero ten cuidado, ¡tiene un olor muy fuerte! He elegido el fertilizante de ortigas, ya que es particularmente beneficioso para cultivos de hoja como la kale y las espinacas, pero puedes sustituir la ortiga por cualquiera de los ingredientes del cuadro de nutrientes (*ver página opuesta*), según el cultivo o del motivo por el que quieras elaborar el fertilizante.

1. Llena un cubo con hojas de ortiga (usa guantes y manga larga). Desmenúzalas y colócalas en el centro de la tela extendida en el suelo.

IDEA

Las algas contienen muchos oligoelementos que las plantas necesitan. Si puedes obtener algas marinas de forma responsable, agrega un par de puñados de alga picada al fertilizante líquido que prepares.

2. Levanta los lados de la tela y átalos a un palo con la cuerda con un nudo doble. Apoya el palo en la parte superior del cubo y llénalo con agua de lluvia de forma que el paquete quede sumergido. Deja el cubo al aire libre, resguardado de la lluvia.

3. Después de una semana, saca el paquete del líquido, revuelve este y vuelve a sumergir el paquete.

4. Pasada la segunda semana, retira el paquete y vacía su contenido en tu compostador o úsalo como mantillo para tomates o pimientos. Pasa el fertilizante líquido a botellas y guárdalo en un lugar oscuro.

HERRAMIENTAS Y MATERIALES

Vas a necesitar:
- ortigas
- un cubo
- guantes
- un trapo viejo
- un palo de longitud mayor que el diámetro del cubo
- cordel
- agua de lluvia
- botellas

3

4

FERTILIZANTE DE CONSUELDA

La raíz de la consuelda (de hasta 3 m de largo) extrae muchos nutrientes y los lleva a sus hojas, lo que da un follaje lleno de nutrientes. Convertir estas hojas en fertilizante líquido es una gran forma de estimular las plantas, especialmente para cultivos en contenedores.

El concentrado de consuelda diluido es muy buen fertilizante casero para tomates (mejor cuando la planta florece y da frutos). Si te sobra fertilizante, siempre puedes guardarlo para intercambiarlo con otros jardineros por nuevas plantas o semillas.

PLANTAR CONSUELDA

La consuelda es una planta perenne y fácil de cultivar a partir de esquejes de raíces. Es fácil encontrarla en intercambios de plantas locales. Planta a principios de primavera un trozo de raíz de 5 cm en una maceta con compost y pásalo al suelo a principios de verano.

La consuelda crece bien en la sombra, pero es mejor la sombra parcial. Cultiva una variedad llamada Bocking 14, ya que es infértil y no produce semillas. Una vez plantada, la consuelda puede ser difícil de erradicar, así que piensa bien dónde la vas a plantar. Por otro lado, tendrás muchos esquejes de plantas nuevas para regalar a tus amigos.

La consuelda se cultiva mejor en el suelo. Mantenla separada del resto de tus cultivos para que no se apodere de tus bancales.

DILUIR Y APLICAR EL FERTILIZANTE CONCENTRADO

Prepara una mezcla de una parte de fertilizante de consuelda concentrado y 20 partes de agua y riégala directamente sobre cultivos como alubias, pimientos y pepinos cuando se formen sus flores.

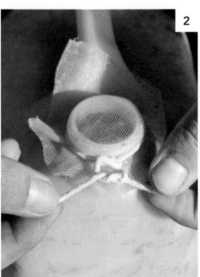

CÓMO HACERLO

Se necesitan entre 3 y 4 semanas para producir un solo frasco de fertilizante de consuelda. Cuando las hojas de consuelda se descomponen, el olor puede ser aún más desagradable que el de las ortigas, pero se puede minimizar cualquier olor siguiendo este método. No esperes grandes cantidades de fertilizante, pero un poco de este líquido altamente nutritivo será ya de gran ayuda. Los pelitos de las hojas son irritantes, así que asegúrate de llevar guantes cuando las manipules.

1. Dale la vuelta a la botella de plástico y corta la base con unas tijeras afiladas o un cuchillo.

2. Cubre la abertura en la parte superior de la botella con algún tejido no muy cerrado, como tela de saco o una sábana vieja. Átalo a la botella con el cordel.

3. Llena la botella hasta el borde con hojas de consuelda rotas.

4. Debes mantener la botella boca abajo, por ejemplo en equilibrio sobre otros objetos o atada a una cerca o un poste. Deja suficiente espacio debajo del cuello para poder recoger el líquido en un frasco de vidrio.

5. Una vez que el frasco esté en su lugar, coloca un ladrillo o una piedra encima del recipiente lleno para exprimir el jugo de las hojas.

6. Sigue rellenando con más hojas de consuelda a medida que se pudran y el nivel baje. Después de 4 semanas, exprime el líquido restante con guantes. Cuando el frasco esté lleno, ciérralo con la tapa y guárdalo en un lugar fresco y oscuro. Mi objetivo es usar el mío en un año.

HERRAMIENTAS Y MATERIALES

Vas a necesitar:
- una botella de plástico grande de 5 litros
- tijeras o una navaja afilada
- un trozo de tejido
- cordel
- guantes
- hojas de consuelda para llenar la botella
- un frasco de cristal vacío con tapa
- un ladrillo o una piedra pesada

OBTÉN SEMILLAS Y PLANTAS GRATIS

CÓMO COMENZAR CON TUS PRIMERAS PLANTAS SIN GASTAR DINERO.

ANUALES Y PERENNES

Los cultivos anuales producen alimentos en unos pocos meses, mientras que las plantas perennes tardan un año o más en madurar y producir su primera cosecha. Un buen plan es priorizar las plantas perennes para que maduren antes.

Las plantas pueden ser anuales y perennes. Las anuales maduran y producen una cosecha el mismo año en que se siembran, pero deben volver a sembrarse cada año. Las perennes siguen creciendo y siendo productivas durante muchos años. Cultivar ambos tipos ofrece una variedad de cultivos para cosechar durante todo el año.

He separado las instrucciones de cultivo de plantas anuales y perennes en capítulos distintos. Antes de empezar a cultivar, debes conseguir semillas, plántulas y esquejes.

¿ANUALES O PERENNES?

Anuales:

- Son más productivas por metro cuadrado que la mayoría de las plantas perennes.
- Tienen una temporada de crecimiento corta, de modo que, tras ser cosechadas, otro cultivo puede reemplazarlas en un bancal o contenedor.
- Son una fuente de productos frescos en invierno, antes de que otros cultivos estén listos.
- Incluyen cultivos como garbanzos y judías verdes, que son fuentes de proteínas.

Perennes:

- Suele ser más fácil propagarlas que las anuales.
- Desarrollan sistemas de raíces fuertes y son más resistentes a las condiciones climáticas extremas.
- Suelen dar buenas cosechas, incluso en exceso.
- Son de bajo mantenimiento y no es necesario replantarlas ni moverlas cada año.

ESTRATEGIA PARA EL PRIMER AÑO

Las plantas perennes necesitan un poco de tiempo para establecerse, por lo que es una buena idea plantarlas lo antes posible. El ruibarbo, por ejemplo, tarda entre 3 y 4 años en alcanzar plena productividad. En los primeros años es posible que la cosecha no cumpla con tus expectativas, pero una vez las plantas alcancen un buen tamaño, puedes esperar excedentes. Las plantas perennes, cuando están completamente maduras, son fáciles de propagar, por lo que podrás aumentar rápidamente tu productividad y el tamaño de tus cosechas.

Por esta razón, creo que una vez hayas decidido establecer un espacio para cultivar alimentos de forma gratuita, tu atención durante el primer año debe centrarse en las plantas perennes y debes dar una menor prioridad a los cultivos anuales. Piensa en esto como una estrategia a largo plazo diseñada para lograr el máximo rendimiento en el menor tiempo posible. Por supuesto, también debes cultivar plantas anuales durante el primer año, como hojas de ensalada, guisantes y alubias, pero es mejor asignar primero espacio a las plantas perennes. Una vez que las plantas perennes estén en su lugar, se pueden planificar los cultivos anuales en torno a ellas. Ver pp. 88-115 para obtener instrucciones sobre cultivos perennes específicos.

Las fresas son perennes y, una vez establecidas, es fácil aumentar la producción colocando en macetas los estolones que crecen al final de los brotes rastreros.

Pimiento

Patatas germinadas

Tomates

Ajo

Patatas

Alubias

Garbanzos

Guisantes

PLANTA A PARTIR DE TU PROPIA DESPENSA

El primer lugar en el que buscar semillas o tubérculos gratuitos para cultivar son los armarios de la cocina. Los alimentos caducados, como las patatas germinadas y los guisantes secos, se pueden plantar fácilmente y producirán nuevas cosechas.

Una buena parte de los alimentos que comemos son (o contienen) un medio para cultivar nuevas plantas. Por ejemplo, las patatas son tubérculos, los dientes de ajo son bulbos y los guisantes son semillas. Las frutas y las verduras de fruto (como los tomates y los pimientos) también contienen muchas semillas.

Aquí tienes instrucciones para cultivar algunas de las hortalizas que solemos tener en nuestra alacena y que son fáciles de obtener. Así tendrás una amplia gama de plantas nuevas sin gastar un céntimo. En el capítulo sobre el cultivo de plantas anuales (pp. 116-157) encontrarás instrucciones más detalladas.

No todas las semillas serán viables, así que haz una prueba de germinación con una muestra de cada tipo antes de ponerte a plantar todo un lote (ver p. 83).

TOMATES

En climas más fríos, lo mejor es sembrar semillas de tomates cherry, que maduran más rápidamente que las variedades más grandes. Esto es importante si los cultivas al aire libre. Cada fruto maduro contiene muchas semillas. Ponlas en un colador bajo el grifo para lavar la pulpa y sécalas en papel de cocina antes de sembrarlas. Para cultivarlas, ver p. 148.

PIMIENTOS

Puedes plantar las semillas de prácticamente cualquier pimiento (dulce o picante) que compras en el mercado. Debes plantarlas lo antes posible, así que siembra a finales de invierno. Les encanta el sol y el calor, por lo que, si vives en una zona muy fría, lo mejor es una ventana soleada para cosechar pimientos cultivados en interior. Cuando a las plantas que cultives dentro les salgan flores, sacúdelas un poco cada dos días para que se autopolinicen (más información en pp. 150-151).

GUISANTES

Siembra guisantes secos en tubos de cartón llenos de compost y mantenlos húmedos. Si siembras para tener brotes, puedes hacerlo en cualquier época. Para plantas completas, siembra a mediados o finales de primavera. Cuando las plántulas estén listas para salir al exterior (ver p. 132), planta los tubos junto a soportes; yo utilizo ramas viejas de árboles de Navidad para empezar, y añado cañas o palos altos a medida que crecen las plantas. Cuando recolectes, acuérdate de dejar algunas vainas en la planta para que al secarse puedas extraer guisantes y plantarlos el año que viene.

GARBANZOS

Siembra los garbanzos secos en el interior a principios de primavera, como harías con los guisantes (*ver más arriba*). Trasplántalos fuera 3 semanas después de la última helada y podrás disfrutar de garbanzos frescos directamente de la vaina. Las plantas de garbanzo crecen hasta unos 45 cm de altura, por lo que encontrar soportes adecuados es relativamente fácil.

IDEA

¿Por qué no pruebas a cultivar las semillas de un tomate tradicional en lugar de uno del súper? Una vez estén secas las semillas de los frutos maduros, tendrás una buena cantidad de ellas para ir a un intercambio de semillas.

Los garbanzos toleran mejor la sequía que los guisantes. Se necesitan unos 100 días después de sembrar para que produzcan una cosecha. Quita las vainas verdes y disfruta del sabor de los garbanzos frescos del interior; solo vienen unos dos por vaina. Guarda algunos para plantar al año siguiente.

ALUBIAS

Si encuentras un paquete de habas secas, comienza a cultivarlas en el interior a principios de primavera y plántalas fuera cuando midan unos 7 cm de altura.

Cultivar tipos de alubias comunes en la despensa pero no tanto en el huerto te permitirá tener plantas fantásticas para intercambiar. Mis favoritas son las judías rojas, la soja y las judías pintas. A muchos horticultores nos entusiasma la perspectiva de probar nuevos cultivos. Siembra alubias pintas, alubias rojas y soja en el interior a partir de mediados de primavera y podrás tener buenas cosechas a partir de mediados de verano.

AJO

El ajo es fácil de cultivar: un solo diente en el suelo se convierte en una cabeza entera. Es posible que un ajo comprado en la tienda haya sido tratado previamente, pero vale la pena intentarlo. Planta los dientes en otoño y déjalos todo el invierno. Riega bien cuando no llueva para ayudarlos a madurar. Una vez que la mitad inferior de las hojas se haya dorado, arranca suavemente las plantas para así cosechar los bulbos.

PATATAS

Las patatas viejas que han empezado a brotar son perfectas para plantar. Si quieres más plantas, corta la patata en trozos alrededor de cada «ojo». Cada trozo se convertirá en una planta. Son tan productivas que incluso puedes cultivarlas a partir de cáscaras gruesas de patata, siempre que tengan un ojo. Para obtener más instrucciones de cultivo, ver pp. 139-141.

Cada semilla de patata produce una gran cosecha, por lo que para el segundo año podrás plantar fácilmente 10 veces la cantidad de patatas que plantaste el año anterior y sin coste adicional. Las plagas puede ser un problema; ver p. 166 para obtener más información sobre cómo prevenirlas.

OTRA VERDURAS QUE PUEDES PROBAR

- **Cilantro** Planta las semillas que se venden como especia para hacer crecer estas plumosas hojas. Intenta sembrar también semillas de mostaza.
- **Jengibre** Corta la nudosa raíz de jengibre en trozos, de modo que cada trozo tenga un ojo —las pequeñas puntas amarillas (*ver derecha*)—. Planta cada trozo en compost, de modo que los ojos queden al nivel de la superficie. Los brotes verdes tienen un sabor maravilloso.
- **Calabazas** Guarda las semillas de calabaza en Halloween. Límpialas y sécalas en el alféizar de una ventana. Plántalas la primavera siguiente.

1

2

3

¿SON VIABLES TUS SEMILLAS?

Para determinar cuáles de tus semillas son viables, toma una cantidad de una semilla específica (por ejemplo guisantes secos) y haz una prueba de germinación para ver si brotan. La proporción de semillas que germinan de tu muestra te dará una idea de cuántas germinarán del resto del paquete. Esto te evitará desperdiciar el valioso compost, así como el tiempo dedicado a plantar y regar semillas que no crecerán. Haz esta prueba 2 o 3 semanas antes de sembrar el resto del lote.

1. Forra el recipiente con una doble capa de papel de cocina (o similar) y humedécelo con un pulverizador. El papel debe estar húmedo pero no completamente empapado. Coloca las semillas sobre el papel para que queden espaciadas uniformemente. Tapa bien el recipiente y colócalo todo en un lugar cálido, como el alféizar de una ventana encima de un radiador, o un armario ventilado.

2. Abre la tapa y revisa el papel cada 2 o 3 días, volviendo a humedecer con el pulverizador para que no se sequen.

3. Una semana después de comenzar la prueba, deberías ver que comienzan a emerger raíces. Si no hay signos de germinación después de 2 semanas, es poco probable que las semillas sean viables. Si a algunas de las semillas se les han formado raíces, corta el papel para que queden separadas del resto del grupo. Luego se deben plantar en compost con el papel todavía adherido, para no dañar las raíces y desperdiciar las semillas germinadas. El papel se descompone en seguida.

VAS A NECESITAR

- un recipiente de plástico usado para helado (con tapadera)
- papel de cocina o pañuelos o servilletas de papel para hacer una doble capa en la base del recipiente
- un pulverizador
- de 6 a 10 semillas

INTERCAMBIA SEMILLAS, HAZ CONTACTOS

Un evento de intercambio de semillas es la oportunidad perfecta para conseguirlas sin gastar: es un ejemplo verdaderamente inspirador de una comunidad local que se une y aprovecha sus recursos sobrantes.

La idea es simple: llevar nuestro exceso de semillas y cambiarlas por otras que no tenemos. Los intercambios generalmente se organizan cuidadosamente, con los tipos de plantas separados en cajas individuales.

CÓMO ENCONTRAR INTERCAMBIOS DE SEMILLAS
Ponte en contacto con clubes de horticultura locales. Puedes consultar en el ayuntamiento o el mercado, o webs locales y grupos de Facebook. Los eventos suelen ser a finales de invierno y principios de primavera.

QUÉ DEBES LLEVAR
Tu primer intercambio es el más importante, porque necesitas plantar un par de cultivos y guardar semillas durante el primer año. Luego tendrás semillas para llevar a los intercambios del año siguiente. Las judías verdes y los guisantes son perfectos para esto, por lo que estarás en una posición increíble incluso si solo logras conseguir este tipo de semillas.

Si es tu primer año cultivando y no tienes ninguna semilla, pregunta a los organizadores del intercambio de semillas si puedes llevar otros artículos. Muchos intercambios incluyen otros elementos, por lo que es probable que tus sugerencias sean bienvenidas; si no preguntas no lo sabrás y perderías la oportunidad. Otros elementos para intercambiar:
- plantas perennes (ver pp. 88-115)
- macetas o contenedores reciclados
- libros de horticultura
- etiquetas caseras para semillas
- herramientas de repuesto

Un elemento de trueque aún mejor es simplemente tu tiempo, ya que a menudo se agradece algo de ayuda para cuidar de los puestos. Esto también es una excelente manera de hablar directamente con otros horticultores y pedirles consejos y trucos sobre cómo cultivar plantas específicas.

Cuando hayas logrado guardar más semillas para intercambiar y estés seguro de cómo cultivar las que estás recogiendo, podrás llevar una variedad más amplia de semillas.

APROVECHA EL INTERCAMBIO DE SEMILLAS
Intenta llegar cuando comience el evento para obtener las semillas más difíciles de guardar, como las de remolacha o kale, que se polinizan en el segundo año o es fácil que se polinicen de forma cruzada (ver p. 129 para conocer las verduras de las que es más fácil guardar semillas tú mismo).

Si en un paquete tienes más semillas de las que puedes sembrar, no las desperdicies. Puedes regalárselas a un amigo o convertirlas en plántulas para llevarlas a un intercambio de plantas más adelante (ver pp. 86-87).

NORMAS DE UN INTERCAMBIO DE SEMILLAS
Esto es lo que hay que hacer para que el intercambio sea justo para todos:

- **No te lleves más semillas de las que necesitas** Todos se merecen tener una buena variedad de semillas.
- **Elige una variedad de semillas** Yo me llevo solo dos o tres paquetes de cada semilla que quiero, para que otras personas también puedan llevarse varias.
- **Tómate tu tiempo** Da tiempo a los demás para que elijan y no presiones cuando veas algo que te interesa.

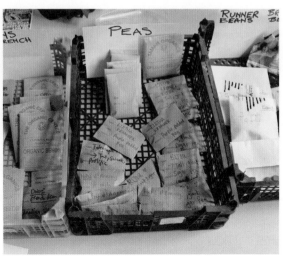

SI NO TIENES SEMILLAS PARA INTERCAMBIAR, PUEDES OFRECERTE PARA CUIDAR ALGUNO DE LOS PUESTOS.

IDEA

No hace falta esperar a un intercambio de plantas para intercambiar plantas sobrantes. Conoce a otros horticultores en clubes o huertos locales e intercambia con plántulas cuando tengas de sobra.

INTERCAMBIA PLANTAS

Muchos horticultores, como yo mismo, siembran en exceso y tienen un sobrante de plantas, lo cual es perfecto para intercambiar. Anota la fecha de intercambio y, si te sobran semillas, comienza a sembrar entre 2 y 4 semanas antes (*ver recuadro*).

Los intercambios de plantas suelen ser a finales de primavera, cuando los horticultores hacen inventario de sus excedentes de plántulas y plantas jóvenes con la esperanza de encontrar buenos hogares para ellas. Hay mucho tiempo para cultivar a partir de las semillas que hayas obtenido en los intercambios de semillas (ver pp. 84-85), pues suelen ser a finales de invierno. Las organizaciones que llevan a cabo intercambios de semillas también suelen organizar los de plantas, por lo que ya estarás familiarizado con el sistema. En ellos es posible obtener plantas interesantes que pueden ir directamente a tu parcela.

POR DÓNDE EMPEZAR

Puedes cultivar plantas para intercambiar sembrando las semillas para las que no tengas espacio o el excedente de semillas recolectadas de tus propios cultivos. Consulta la siguiente tabla para conocer algunas plantas populares y fáciles de cultivar que puedes usar para intercambiar y cómo plantarlas.

EN QUÉ HAY QUE FIJARSE

Elige siempre plántulas fuertes y sanas. Una planta con aspecto triste puede traer plagas y enfermedades no deseadas a tu huerto o simplemente morir y resultar una pérdida de tiempo, energía y espacio de cultivo. Las mejores plantas tienen hojas de color verde brillante, sin marcas ni signos de daño y tallos fuertes y erguidos. Es útil que las plantas estén etiquetadas para saber lo que cultivas. Aun así, prefiero plantar un cultivo sin nombre que no plantar nada.

LOS ARTÍCULOS MÁS BUSCADOS

A la gente siempre le gusta probar algo fuera de lo común, como plantas de pimiento cultivadas a partir de pimientos comprados en una tienda (asegúrate de etiquetarlos honestamente) y plántulas de garbanzos de paquetes de garbanzos secos. En años futuros, tendrás la opción de propagar esquejes y capas de tus propias frutas y hierbas perennes, que siempre son bien recibidas en los intercambios.

PLANTA	TIEMPO	INSTRUCCIONES PARA SEMBRAR
Calabazas o calabacines	3 semanas	Siembra una semilla por maceta 3 semanas antes del intercambio para que las plantas tengan un tamaño decente.
Tomates	3-5 semanas	Empieza a sembrar de 3 a 5 semanas antes del intercambio una planta por maceta.
Brásicas	2-3 semanas	Usa una bandeja para sembrar de 10 a 15 semillas y comienza 2 o 3 semanas antes del intercambio.
Lechuga	1-2 semanas	Siembra las semillas en bandejas 1 o 2 semanas antes del intercambio. Pon bastantes para tener suficientes plántulas.
Habas o alubias	3-4 semanas	Siembra una semilla en un rollo de cartón, seis rollos por bandeja, 4 semanas antes del intercambio.
Guisantes	3-4 semanas	Siembra de tres a cuatro semillas por maceta entre 3 y 4 semanas antes del intercambio.

CULTIVA PLANTAS PERENNES

ESTABLECE ESTAS PLANTAS DESDE EL PRINCIPIO PARA LAS COSECHAS DEL AÑO SIGUIENTE Y DURANTE MUCHO TIEMPO MÁS.

COSECHAS PERENNES

Para cultivar alimentos, las frutas, hierbas y verduras perennes son muy valiosas. Una vez que estas resistentes plantas han echado raíces, requieren poco mantenimiento y se puede confiar en ellas para obtener cosechas durante muchos años.

Las plantas perennes comestibles se pueden dividir en hierbas, rizomas (como el ruibarbo y los espárragos), tubérculos (alcachofas de Jerusalén), bayas rastreras (fresas, moras e híbridos) y arbustos frutales (grosellas y arándanos). Cada planta se cultiva y propaga de forma distinta, pero las técnicas no son complicadas y aquí he elegido los métodos de cultivo más fáciles para minimizar el tiempo, el esfuerzo y las necesidades del compost. Estos consejos cubren el cuidado y el mantenimiento diarios de las plantas perennes, así como su cosecha y cómo propagarlas. Para obtener más instrucciones de cultivo para tipos específicos de plantas perennes, ver pp. 92-115.

QUITAR LAS MALAS HIERBAS

Cuando faltan meses para las cosechas de plantas perennes y tu energía está centrada en las hortalizas anuales de rápido rendimiento, es fácil olvidarse de las malas hierbas. Para suprimirlas en torno a los arbustos frutales perennes, los rizomas y las frutas rastreras, coloco en el suelo algunas capas de cartón (o capas gruesas de periódico) y les pongo encima piedras o ladrillos para fijarlas. Luego, arranco las malas hierbas que crecen alrededor del tallo, una tarea rápida y sencilla que solo hay que realizar una o, como máximo, dos veces al año.

NUTRIENTES

Las plantas perennes no requieren muchos nutrientes, por lo que la mayor parte de mi compost lo aplico a los cultivos anuales. Sin embargo, al trasplantar una perenne a su lugar definitivo, agrego compost para ayudarla. Excava un hoyo dos veces más profundo que el cepellón de la planta y agrega unos puñados de compost antes de plantar para estimular sus raíces. No te preocupes si tu compost no está listo, aun así la planta perenne dará un buen rendimiento.

En primavera, si me sobra un poco de compost, suelo extender una capa de 3 a 5 cm sobre el mantillo de cartón para suprimir las malas hierbas y así dar un impulso a las plantas perennes. Sin embargo, no es estrictamente necesario: las zarzas, por ejemplo, producen abundantes cosechas de deliciosas moras en la naturaleza sin que alimentemos el suelo.

COSECHAR

A diferencia de la mayoría de las hortalizas anuales, que se cosechan a lo largo de muchos meses o maduran a diferentes ritmos, las plantas perennes siempre están listas para cosecharse en la misma época del año. Lo mejor es tenerlas frescas, así que revisa sus cultivos cada dos días y disfruta de ellas en su punto óptimo de madurez. Las bayas, como las frambuesas o las fresas, deben recogerse maduras o se echan a perder rápidamente y se enmohecen.

PROPAGAR

Crear nuevas plantas perennes fue lo que primero despertó mi pasión por la horticultura. Cuando era niño, clavaba secciones de tallo en el suelo y me sorprendía cuando echaban raíces y se convertían en nuevas plantas.

Muy pronto tuve demasiadas plantas para nuestro jardín, así que comencé a venderlas o regalarlas a amigos y vecinos. Para las plantas perennes de este capítulo, los tres métodos clave de propagación son: hacer esquejes, dividir y acodar, todas ellas son buenas formas de multiplicar tus plantas gratis.

Las perennes pueden dar buenas cosechas (*arriba, derecha*). Elimina las malas hierbas colocando cartón alrededor de las plantas (*arriba, izquierda*) y, si tienes suficiente compost, cubre con mantillo cada año (*abajo, izquierda*). Crea más plantas con técnicas de propagación como acodar (*abajo, derecha*).

UN AÑO, OBTUVE 300 ESQUEJES
DE NUESTROS ARBUSTOS FRUTALES
DE MADERA BLANDA Y CASI TODOS
ELLOS SALIERON ADELANTE.

HIERBAS

En la cocina, las hierbas recién cortadas dan a los platos un sabor y un aroma fantásticos. Son muy fáciles de cultivar y propagar, y algunas son de hoja perenne, por lo que puedes mantener un suministro constante durante todo el año.

Piensa en las hierbas que más utilizas para cocinar y prioriza su cultivo. Mis hierbas favoritas son:

a. Cebollino
Las hojas de esta popular hierba culinaria tienen un suave sabor a cebolla. Sus bonitas flores de color rosa o violeta también son comestibles. Se adapta a la sombra parcial y a condiciones ligeramente húmedas. Las cebolletas mueren durante el invierno.

b. Lavanda
Popular hierba aromática que se utiliza en postres. Cultiva lavanda en un lugar soleado para atraer abejas y otros insectos beneficiosos para tu parcela. Toma esquejes (ver p. 96) de brotes que no hayan florecido. Las hojas son perennes, pero las flores solo están presentes en verano.

c. Melisa
Esta hierba aromática tiene hojas dulces con aroma a limón que se utilizan para preparar tés calmantes. Es mejor cultivarla en un recipiente para limitar sus raíces, que tienden a extenderse mucho. La melisa muere en invierno.

d. Hierbaluisa
Con sus hojas de fuerte aroma cítrico se prepara un fantástico té de limón; las flores tienen un sabor a limón más suave. Crece en suelo bien drenado y le gusta el sol. La hierbaluisa pierde las hojas en invierno.

e. Apio de monte
El apio de monte, cultivado por sus hojas tiernas con sabor a apio, es una planta de tamaño considerable que puede alcanzar los 2 m de altura. Prefiere suelos ricos y húmedos y pleno sol o sombra parcial. Muere en invierno.

f. Mejorana
La mejorana, usada en muchos platos italianos, tiene un suave sabor picante. Crece bien en lugares soleados con suelo bien drenado. Muere en invierno.

g. Menta
Las hojas de menta fresca picadas quedan deliciosas con patatas nuevas y guisantes. Al igual que con la melisa, es mejor cultivarla en un recipiente para limitar sus raíces invasoras. La menta muere en invierno.

h. Romero
El romero, una hierba arbustiva, se puede cosechar fresco durante todo el invierno y es fácil de propagar a partir de esquejes (ver p. 96). Me encanta agregar ramitas de romero fresco al freír rodajas de patata en aceite de oliva.

i. Salvia
Esta versátil hierba se ha cultivado durante siglos y se puede cosechar durante todo el año. Las hojas tiernas quedan deliciosas fritas con mantequilla. A la salvia no le gusta la humedad, así que cultívala en un suelo bien drenado a pleno sol.

j. Estragón
Las puntiagudas hojas aromáticas tienen un fantástico sabor a anís. En zonas más frías, hay que proteger la parte superior de las heladas. Las hojas mueren en invierno, cuando la propagación a partir de esquejes es más difícil, aunque aún es posible.

k. Tomillo
El tomillo, una hierba que ama el sol, se usa mucho para cocinar y a las abejas les encantan sus flores en verano. Crece en suelos bien drenados y se cosecha durante todo el año.

COMENZAR

Todas las hierbas perennes de esta sección se pueden cultivar en contenedores grandes o en neumáticos forrados con bolsas de compost viejas. Me gusta usar neumáticos porque limitan las raíces invasoras y permiten que algunas hierbas distintas crezcan juntas. Ver pp. 32-33 para instrucciones sobre cómo instalar neumáticos. Las hierbas prefieren un buen drenaje, por eso cuando uso neumáticos u otros contenedores, siempre agrego un puñado de piedras o de cerámica rota al fondo. Llena el neumático con una mezcla de cuatro partes de tierra vegetal por una de compost.

SEGUIR CULTIVANDO

Para las de hoja caduca que mueren en invierno, recorta el brote viejo a finales de otoño. Mantén las plantas libres de malas hierbas y, en invierno, aplica una capa de compost de 2-3 cm en torno a la base. En las zonas más frías, aísla el romero, el tomillo y el estragón con paja (o una manta vieja) durante las heladas prolongadas. La hierbaluisa se cultiva mejor en macetas y hay que mantenerla cubierta en invierno.

Al comenzar la temporada de crecimiento, a finales de primavera, echa compost casero para las hierbas en recipientes una vez cada 2 o 3 meses (ver pp. 72-75).

ATRAE A LOS POLINIZADORES

Cultivar distintas hierbas con flores es una de las mejores formas de alentar a los insectos beneficiosos a que visiten y polinicen tus cultivos de frutas y verduras. La mejorana, la lavanda y el cebollino son muy buenas opciones para atraer abejorros, abejas, sírfidos y mariposas al jardín.

COSECHAR

Las hierbas tienen una temporada de cultivo larga y las de hoja perenne se pueden recolectar incluso en invierno. Cosechar hierbas es tan simple como tomar lo que necesitas y dejar intacta al menos la mitad de la planta para mantener su crecimiento año tras año. Al ritmo que crecen, es difícil cosechar demasiado.

PROPAGAR

Hay dos métodos principales para propagar hierbas perennes ya plantadas: división y esquejes. Es posible cultivar hierbas perennes a partir de semillas, pero estas son difíciles de conseguir y tardan mucho más en crecer y establecerse que los dos principales métodos de propagación.

Cómo propagar por división

A principios de primavera u otoño, desentierra con cuidado una planta madura (o sácala de su contenedor) y corta las raíces para crear hasta cuatro divisiones.

Las principales hierbas que crecen por división:
- cebollino
- melisa
- apio de monte
- mejorana
- menta
- tomillo

1. Arranca la hierba cavando debajo y usando una horca para levantar la planta del suelo. Sacude el exceso de tierra y coloca la planta sobre césped o suelo blando.

2. Usa una pala para hacer divisiones, empujándola firmemente para cortar la planta por la mitad. Esto puede parecer despiadado, pero la hierba se recuperará rápidamente de cualquier daño. Cuando dividas un grupo grande, vuelve a dividir las mitades para hacer un máximo de cuatro divisiones.

3. Ahora tienes de 2 a 4 hierbas maduras, cada una con un buen sistema de raíces. Plántalas en su lugar final en el suelo o en un contenedor. Las divisiones de hierbas en macetas también son estupendos regalos para los vecinos.

Al tomar esquejes de romero, elige los brotes que no hayan florecido.

Cómo propagar por esquejes

Mi método favorito: ¡me permite tener docenas de hierbas con raíces para trasplantar o intercambiar en cuestión de semanas! Haz esquejes desde finales de la primavera hasta mediados del verano, para que las raíces sean fuertes antes del invierno. No todos los esquejes de un lote echarán raíces.

Las principales hierbas para cultivar por esquejes son:
- lavanda
- melisa
- hierbaluisa
- mejorana
- menta
- romero
- salvia
- tomillo
- estragón

Necesitarás tijeras o cuchillo, botes de yogur (con drenaje) o macetas y compost casero, solo o mezclado a partes iguales con mantillo vegetal, para las macetas.

1 **2**

1. Corta secciones de tallo de entre 7 y 10 cm de largo desde la punta de la planta y coloca los esquejes en un frasco o recipiente con agua.

2. Llena las macetas con compost o una mezcla de compost y tierra hasta justo debajo del borde.

3. Usa los dedos para despejar de hojas los dos tercios inferiores del tallo.

4. Pon el esqueje en la maceta y empújalo hacia abajo, para que las hojas inferiores queden sobre la superficie del compost. Riégalo. Deja los esquejes en un lugar cálido y soleado y asegúrate de que no se sequen del todo. No riegues demasiado o los tallos se pudrirán.

Ayuda a los esquejes a alcanzar la madurez

Tras 6-8 semanas, cuando los esquejes hayan echado raíces, aparecerán hojas nuevas. Al cabo de 2 meses, pasa los esquejes de los recipientes de yogur a otros algo más grandes; déjalos en macetas unos 3 meses y después trasplántalos. En invierno, deja los esquejes en macetas en el exterior, en un lugar protegido, pero mantén dentro, en un alféizar fresco, los de romero, hierbaluisa y estragón, menos resistentes. A finales de primavera, iniciado el crecimiento, se pueden plantar en su lugar definitivo. Con las hierbas arbustivas, pellizca las puntas de los esquejes cuando tengan unos 10 cm para fomentar la ramificación y una buena forma.

IDEA

Prueba a enraizar un tallo de menta en agua. Retira las hojas de los dos tercios inferiores y ponlo en un frasco con agua. Dos semanas después de que aparezcan las primeras raíces, saca el tallo y colócalo en un poco de compost.

3

4

RUIBARBO

Estrictamente hablando, el ruibarbo se clasifica como verdura (y no como fruta) porque comemos los tallos. Crece a partir de un rizoma, es fácil de cultivar y propagar, requiere muy poco mantenimiento y puede vivir fácilmente más de 10 años.

El ruibarbo se puede cultivar a partir de semillas, pero plantar un trozo de rizoma da resultados mucho más rápidos y las divisiones son más fáciles de obtener que las semillas. Es un cultivo fantástico para cosechar durante la llamada brecha del hambre, el periodo de primavera en el que hay muy pocos productos frescos alrededor.

COMENZAR

En invierno o a principios de primavera, planta la división de ruibarbo directamente en el suelo o en un bancal elevado de buen tamaño. El ruibarbo tiene tallos y hojas grandes y es mejor empezar con una sola planta hasta tener una idea del rendimiento. Haz el hoyo dos veces más profundo y dos veces más ancho que la división, y agrega compost o estiércol bien deshecho al fondo. Planta de modo que la punta sobresalga del suelo, luego rellena los lados con tierra del hoyo y riega bien.

SEGUIR CULTIVANDO

Para evitar que las malas hierbas sofoquen la planta al brotar, coloca un pequeño círculo de periódico o cartón roto alrededor de los tallos. Cada invierno, me gusta cubrir con unos pocos centímetros de compost, estiércol o material parcialmente compostado para dar un impulso a mis ruibarbos. Riega en verano, a menos que el ruibarbo crezca a la sombra, y divide el rizoma cada cinco años para revitalizar la planta y mantener buenos rendimientos (ver Propagar, *página opuesta*).

3

COSECHAR

Comienza a cosechar tallos de ruibarbo desde principios de primavera y disfruta de la cosecha hasta mediados del verano. Si lo plantaste por división, no tomes más de una cuarta parte de los tallos el primer año. De una planta madura (de más de 3 años), toma hasta la mitad de los tallos a la vez, pero asegúrate de que la planta produzca tallos nuevos antes de recolectar más.

PROPAGAR

Divide el ruibarbo a mediados o finales del otoño, cuando las hojas se hayan marchitado, o a principios de la primavera, cuando la temperatura aumente.

1. Afloja con cuidado la tierra alrededor del rizoma maduro con una horca y luego levanta suavemente toda la planta. Colócala sobre un terreno blando.

2. Una vez descubierto el rizoma, podrás ver los cogollos. Estos producirán los tallos. Utiliza una pala para cortar el tallo en secciones, cada una con al menos un brote y algunas raíces. Si las raíces son muy duras, quizá tengas que ser un poco más contundente con la pala.

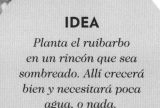

IDEA

Planta el ruibarbo en un rincón que sea sombreado. Allí crecerá bien y necesitará poca agua, o nada.

3. Trasplanta inmediatamente las divisiones a su posición final para que no se sequen. El ruibarbo es una planta popular, por lo que si planeas usar las divisiones como artículos de trueque, colócalas en macetas e intercámbialas por otras plantas.

ESPÁRRAGOS

Este rizoma perenne, como el ruibarbo, también está listo para ser cosechado durante la brecha del hambre. No he incluido instrucciones de cultivo de espárragos en este libro porque son mucho más difíciles de conseguir y cultivar que el ruibarbo. Dicho esto, definitivamente es una planta que deberías considerar para el futuro.

ALCACHOFAS DE JERUSALÉN

Aparte de las patatas, que se consideran anuales, mis tubérculos perennes favoritos son las alcachofas de Jerusalén. En la superficie, sus tallos pueden alcanzar hasta 3 m y producen bonitas flores amarillas.

Los intercambios de plantas son una buena forma de obtener alcachofas de Jerusalén, que se cultivan y cosechan como las patatas. A diferencia de estas, no sufren enfermedades que obliguen a replantarlas cada año: nuestras alcachofas de Jerusalén llevan en el mismo lugar 15 años, desde que las plantamos.

Los problemas digestivos asociados con las alcachofas de Jerusalén (aunque se desarrolla tolerancia con bastante rapidez) se ven superados por sus muchas ventajas. Crecen bien en sombra parcial, requieren muy poco riego, se cosechan durante el invierno hasta principios de la primavera, están relativamente libres de plagas y enfermedades y requieren un mantenimiento extremadamente bajo: cumplen todos los requisitos.

COMENZAR

Estos vigorosos parientes del girasol se cultivan mejor en bancales elevados o en el suelo.

1. A principios de primavera, cava un hoyo de unos 25 cm de profundidad. Cubre el fondo con una capa de 5 cm de pieles de verduras o de estiércol bien descompuesto y con una capa ligera de tierra para no abrumar a los tubérculos con nutrientes.

2. Coloca los tubérculos en intervalos de 30 cm a lo largo del hoyo, encima de la capa ligera de tierra.

3. Rellena el hoyo con la tierra que retiraste. Deja entre 30 y 40 cm entre hileras.

1

2

SEGUIR CULTIVANDO

Los brotes aparecen a mediados de primavera y crecen rápidamente, más rápido que las malas hierbas. La sombra que proyectan sus tallos mantiene el suelo a su alrededor libre de malas hierbas. En los veranos secos, riega una vez a la semana para mantenerlas sanas y cubre la base de los tallos con recortes de césped para ayudar a retener la humedad del suelo. Las alcachofas de Jerusalén cultivadas en un lugar soleado te darán hermosas flores parecidas a girasoles a principios de otoño. No cortes los tallos cuando comiencen a morirse; déjalos para alimentar los tubérculos bajo tierra.

COSECHAR

Comienza a cosecharlas a partir de finales de otoño, levanta cada planta por el tallo o usa una horca para recoger los tubérculos. Siempre me sorprende el tamaño de la cosecha de una sola planta. También puedes recoger los tubérculos cuando los necesites; no sufrirán daño si se dejan en el suelo en invierno.

PROPAGACIÓN

Las alcachofas de Jerusalén no podrían ser más fáciles de propagar. Mientras cosechas una hilera, deja un tubérculo en el suelo a la misma profundidad y al mismo espacio en el que lo plantaste. Luego agrega 2 o 3 puñados de compost para satisfacer las futuras necesidades de crecimiento y empuja la tierra hacia atrás para cubrir la hilera. Una siembra de 3 tubérculos iniciales podría fácilmente aumentar a 20 tubérculos el año siguiente, por lo que comenzar poco a poco y no comerse la primera cosecha te dará grandes rendimientos a partir del segundo año.

CONSEJO

Para obtener mejores resultados, proporciona a las alcachofas de Jerusalén (las plantas más altas de este libro) un lugar protegido para crecer.

3

MORAS E HÍBRIDOS

Las formas cultivadas de esta planta rastrera y sus híbridos (bayas y moras) producen muchos frutos, grandes y suculentos, durante bastante tiempo. Tratarlas como trepadoras es una buena forma de cultivarlas si se tiene poco espacio.

a

Las moras son fáciles de cultivar y propagar. Hay muchas variedades para elegir y algunas de ellas no tienen espinas, así que no necesitarás guantes para trabajar con ellas. Ten en cuenta que una planta nueva no dará fruto hasta el verano siguiente, pero la primera cosecha habrá merecido la espera. Los híbridos, como la mora de los pantanos, fruto del cruce de zarzamora y frambuesa, se cultivan y reproducen igual que las moras y dan cosechas fantásticas.

a. Moras
Las zarzas silvestres son espesas y muy espinosas, pero las variedades especiales de cultivo (que se ven aquí) tienen frutos más grandes y pueden mantenerse bajo control cuando se cultivan contra un soporte.

b. Zarza boysen
Esta variedad da grandes cosechas y los frutos, de color rojo oscuro, son deliciosamente dulces.

c. Tayberris
Estas bayas son parecidas a las loganberris, pero más dulces y de mayor tamaño. Escógelas si prefieres no añadir azúcar a la fruta.

d. Loganberris
De sabor más fuerte que las tayberris, son de un bonito tono rojo. Se pueden comer frescas, como las frambuesas, o hacer con ellas una estupenda mermelada.

b

c

d

COMENZAR

Las moras crecen bien en el suelo o en una maceta grande. Colócalas a lo largo de una valla, contra un enrejado o sobre un soporte resistente. También puedes plantarlas contra una pared, siempre que haya alambres a los que atar los tallos.

Al plantar moras, elige siempre un lugar cálido y soleado: necesitan calor en la fase de fructificación para madurar bien. Las que crecen en un contenedor pueden plantarse en cualquier época del año, pero las que van a raíz desnuda deben plantarse en invierno, cuando están en reposo vegetativo. Remoja las plantas a raíz desnuda durante dos horas antes de plantarlas.

1. Cava un agujero lo bastante ancho y profundo para que quepan las raíces sin aplastarlas, y luego cava 5 cm más. Haz el agujero lo más cerca posible del soporte, para no tener que doblar los tallos para guiarlos.

2. Añade una capa de compost de unos 5 cm de grosor a la base del hoyo y riégalo bien.

3. Coloca entonces la planta en el hoyo, asegurándote de que la tierra está al mismo nivel que en la maceta. En el caso de plantas a raíz desnuda, comprueba en la base del tallo si hay una línea en la que el color cambia de oscuro a claro: ese es el nivel en el que debe quedar la tierra en su nuevo emplazamiento.

4. Una vez la planta esté correctamente colocada, rellena alrededor con la tierra que has excavado. Añade un puñado más de compost para recibir a la planta en su nuevo hogar.

5. Después de rellenar el agujero, comprime la tierra con los pies a ambos lados para fijar la planta y riégala abundantemente.

IDEA

Con una serie de bayas que crezcan en una cerca a lo largo de un lado del jardín tendremos buena protección contra el viento y una buena cosecha de fruta.

SEGUIR CULTIVANDO

Asegúrate de que el tallo está libre de malas hierbas. Es posible que solo necesites una sesión de deshierbe en primavera y otra en verano, pero mantente alerta.

En otoño, me gusta ponerles a mis bayas una capa de compost de 5 cm y que cubra un radio de 20 cm alrededor de los tallos. Esto es muy importante para completar los niveles de nutrientes si cultivas plantas en contenedores. Cubre el suelo con cartón antes de aplicar mantillo para eliminar las malas hierbas.

Guía los nuevos cultivos

A finales de otoño, corta todos los tallos que hayan dado frutos ese año, luego separa los nuevos brotes, que serán de color más verde, y ata esos tallos a su soporte. Las moras y sus híbridos dan fruto sobre el crecimiento del año anterior, así que guía en una dirección los nuevos brotes para que puedas guiar los siguientes brotes, el próximo año, en la dirección opuesta. Ata cada tallo a varios lugares, entre tres y cinco, comenzando en la base y avanzando hacia arriba, y separa los diferentes tallos a unos 10 cm de distancia en forma de abanico.

Cuando te quedes sin espacio en el soporte, guarda los tallos sobrantes para propagarlos (*ver página opuesta*) o córtalos y agrégalos a tu compostador.

Ata los nuevos vástagos a su soporte a intervalos en otoño, después de haber cortado los viejos que dieron frutos en verano.

COSECHAR

Las bayas dan cosechas casi todos los años, pero los frutos no duran mucho, tres días como máximo en la nevera. Cómetelos en su forma más fresca y dulce o congélalos para usarlos más adelante. Yo prefiero cosecharlos hacia el final de un día soleado para dar algo más de tiempo a que las bayas se endulcen.

Los pájaros del jardín se interesarán por tus bayas, así que vale la pena colocar algunos espantapájaros caseros (ver p. 164) alrededor de las plantas cuando los frutos comiencen a madurar. De lo contrario, es posible que, antes de cosechar, te hayas quedado sin bayas. Después de cosechar las bayas, en otoño, corta hasta el suelo los tallos que dieron fruto.

1

2

PROPAGAR

Propagar moras y sus híbridos con el sistema de acodar (enterrar las puntas de los nuevos vástagos que no han dado frutos) es muy fácil. Pero ten cuidado de no cortar demasiado pronto el tallo del que brota la planta madre y de que el contenedor no esté mucho tiempo seco. Es mejor hacerlo desde finales del invierno hasta mediados de la primavera, pues así las plantas tendrán tiempo de desarrollarse. Cuando la baya haya echado raíces y madurado, podrás propagar hasta una docena de vástagos nuevos cada año, un gran recurso para el trueque.

1. Elige un contenedor mediano, por ejemplo un cubo viejo. Haz agujeros de drenaje en la base y llénalo con compost o con una mezcla de compost y tierra.

2. Selecciona un vástago largo de un nuevo brote que no haya dado ningún fruto. Coloca el recipiente en el suelo en una posición en la que puedas doblar fácilmente el vástago hacia abajo hasta que toque la superficie del compost.

3. Entierra la punta del tallo unos centímetros en el compost del centro del recipiente y usa una piedrecita o una ramita bifurcada para que se quede en el sitio.

4. La lluvia debería mantener húmedo el tallo de las raíces durante el invierno, pero es posible que tengas que regar una vez a la semana durante el tiempo seco en primavera y verano. Aparecerá un brote a principios de primavera y luego crecerá rápidamente. Mantén el vástago original adherido a esa planta hasta el final del verano, luego córtalo con unas tijeras de podar. La nueva planta estará lista para plantarse en invierno y producirá una pequeña cosecha al año siguiente, seguida de otra abundante al tercer año.

MANTÉN A LOS PÁJAROS ALEJADOS DE TUS BAYAS CON ESPANTAPÁJAROS CASEROS.

3

4

FRESAS

Estas deliciosas e icónicas bayas evocan los cálidos días de verano y traen mucha alegría. No hay nada como el sabor de la primera fresa madura de cosecha propia que hayas recogido y comido directamente de la planta.

Las fresas son fáciles de cultivar en bancales o en contenedores, y no les gustan los suelos demasiado fértiles. Esto las convierte en el cultivo ideal si eres nuevo en la horticultura y aún no tienes un buen suministro de tu propio compost para enriquecer tu suelo. La mayoría de variedades —a excepción de las fresas perpetuas— tienen un único periodo de cultivo cada año, y las mejores para empezar son las de verano.

COMENZAR

Las fresas son las plantas más fáciles de propagar de este libro, lo que significa que no tendrás problemas para conseguirlas. Las plantas jóvenes de fresa suelen estar disponibles en los intercambios de plantas, generalmente en primavera. Plántalas a 30 cm de distancia en contenedores o bancales elevados con mantillo vegetal, pero puedes agregar un puñado de compost o enterrar algunos restos de verduras a 10 cm bajo la superficie para que las plantas tengan un buen comienzo. La primavera es una buena época para plantar al aire libre, pero también lo es desde mediados de otoño hasta el invierno. Puedes esperar cosechas desde el primer año de siembra, por lo que si obtuviste fresas en primavera, podrás comer más en verano. Estas plantas perennes rastreras emiten vástagos largos, llamados estolones, que pueden ocupar fácilmente cualquier terreno libre. Es aconsejable limitar las plantas de fresa cultivándolas en un neumático o en un bancal elevado con bordes.

SEGUIR CULTIVANDO

Aplica una capa ligera de compost de 2 a 3 cm alrededor de las plantas cada primavera o dos. Cuando las fresas comiencen a dar frutos, es una buena idea rodear las plantas con recortes de hierba secos o con paja para separar los frutos del suelo y mantenerlos en óptimas condiciones. Si se pronostica que las temperaturas van a bajar por debajo del punto de congelación y se han formado flores, asegúrate de proteger las plantas de las heladas (ver p.24). Corta los estolones de las fresas que estén floreciendo o fructificando, porque desvían mucha energía de la planta.

COSECHAR

Recoge las fresas cuando toda la fruta se haya puesto roja. Me encanta cosechar fresas al mediodía, cuando el sol ya ha calentado las frutas, lo cual parece intensificar su dulzura. Los pájaros del jardín también vigilarán de cerca la maduración de tus frutos, así que toma medidas preventivas (ver p.164) y evitarás una decepción extrema. Las fresas se echan a perder muy rápidamente después de la cosecha, así que cómetelas en dos días, ¡lo que no debería ser un problema! Si puedes dedicar un bancal entero a la fruta, podrás convertir tu cosecha en fantásticas conservas.

FRESAS ALPINAS

Algunas variedades tienen estolones y otras no, pero estas fresas en miniatura no podrían ser más fáciles de cultivar. Simplemente aliméntalas una vez con un mantillo ligero (2,5 cm) de compost y déjalas. Puedes cultivar fresas alpinas a partir de semillas y disfrutar de sus frutos pequeños y extremadamente sabrosos, pero las cosechas no saciarán mucho tu apetito.

Rodea tus fresas con mantillo de paja seca
para retener la humedad y mantener las frutas
alejadas del suelo (*arriba*). Las variedades alpinas
son delicadas y deliciosas (*arriba, derecha*). Las
fresas normales (*centro y derecha*) tienen flores
y frutos más grandes.

PROPAGAR

Aunque las plantas de fresa son perennes, pierden su vigor, así que reemplázalas cada 3 o 4 años con plantas recién propagadas para mantener buenos rendimientos. Esto puede ser tan simple como dejar que algunos estolones arraiguen en el bancal y quitar después la planta madre en otoño. Las fresas, al igual que las moras (ver pp. 102-105), se pueden propagar acodando. Cuando los estolones que brotan de las plantas se arrastran por el suelo, la punta en crecimiento pronto comienza a echar raíces. Una vez que las raíces hayan hecho contacto con el suelo, se desarrollará una plántula individual fuerte. Con el tiempo, de esta brotarán sus propios estolones. El proceso es simple y, al igual que la mayoría de los horticultores, siempre estoy feliz por poder regalar las plantas sobrantes.

Propagación con el sistema de acodar

Normalmente propago fresas desde mediados hasta finales del verano, una vez que han terminado de fructificar y han canalizado su energía para crear nuevas plantas con estolones. Lo único que necesitas son algunas macetas pequeñas o medianas, una mezcla de cuatro partes de tierra vegetal y una parte de compost, tijeras de podar o una navaja afilada y algunas piedras pequeñas que actúen como peso.

1. Elige tantas pequeñas plántulas de las que crecen al final de los tallos largos y delgados como desees y retira el resto. La planta madre concentrará su energía en estas plantas hijas, que rápidamente echarán raíces. Es posible que algunas ya muestren raíces incluso antes de que hayan hecho contacto con el suelo.

2. Llena las macetas con la mezcla de tierra y compost, luego toma una de las plantas y colócala con cuidado en el centro de una maceta con el estolón firme en un poco de compost alrededor de la base de la planta. Haz lo mismo con las otras plantas.

3. Para garantizar que cada planta está segura y estimular la formación de raíces, coloca una piedra pequeña sobre cada una. Coloca la piedra en la maceta al lado de la planta y encima de una sección del estolón que la une a la planta madre. También puedes usar un alambre doblado para mantener el estolón y la planta unidos. A veces, una de las plantas desarrolla un estolón secundario. Si es así, córtalo.

4. Si las macetas en las que plantaste están sobre césped, desliza una hoja de cartón debajo para evitar que crezcan malas hierbas a su alrededor. Mantén las plantas regadas, aunque en esta etapa no necesitarán demasiado riego, ya que seguirán recibiendo humedad y nutrientes de la planta madre a través del estolón.

5. Mantén los estolones unidos a la planta madre durante un par de meses y luego córtalos. Las fresas son resistentes y se pueden dejar fuera durante el invierno. En primavera, las plantas individuales producirán de nuevo. Puedes trasplantarlas o utilizarlas como artículos de trueque.

LAS FRESAS NO SOLO SON DELICIOSAS, SINO QUE SON TAMBIÉN LAS PLANTAS MÁS FÁCILES DE PROPAGAR.

4

5

ARBUSTOS FRUTALES

Cuando comencé a cultivar frutos rojos y vi lo fácil que era aumentar mis existencias, me apasionó aún más la producción de alimentos. Todos estos arbustos requieren poco mantenimiento y siempre te darán fruta.

Para obtener la mejor cosecha de los arbustos perennes de frutos rojos, plántalos directamente en el suelo. También crecen bien en contenedores grandes con cuatro partes de compost y una de tierra, y en bancales elevados profundos. Son muy fáciles de propagar y no debería costarte conseguirlos en los intercambios de plantas. Una vez establecidos, podrás obtener otros fácilmente. Los arbustos frutales perennes deben plantarse solo cuando las hojas han caído y están inactivos (desde finales de otoño hasta principios de primavera), siempre que el suelo no esté congelado ni anegado. Al plantar, sepáralos entre 1,2 y 1,5 m. Prefieren un lugar soleado, aunque los groselleros también dan buen rendimiento en sombra parcial.

GROSELLEROS NEGROS

Las grosellas negras son muy fiables y, según mi experiencia, sufren menos plagas que otras frutas blandas. Su pariente cercana, la jostaberry, es el resultado de un cruce de grosella negra y dos tipos de uva crispa. Las frutas de jostaberry tienen un tamaño entre grosellas negras y uvas crispas, pero saben más a grosella negra cuando están maduras.

Aquí te indico todo lo que necesitas saber para cultivar grosellas negras con éxito. Estas técnicas también se pueden utilizar para cultivar jostaberries. Si cuidas bien tus groselleros negros y tus plantas de jostaberries, pueden vivir más de dos décadas.

COMENZAR

Los groselleros negros producen muchos vástagos desde la base y se parecen un poco a arbustos que se han podado hasta el suelo para estimular el crecimiento. Para que crezcan varios tallos de ejemplares jóvenes, plántalos profundamente en el suelo, para que la unión entre raíz y tallo quede muy por debajo del nivel del suelo. Planta groselleros negros durante el estado latente, cuando los vástagos están desnudos.

1. Cava un hoyo del doble del tamaño del cepellón de tu grosellero y colócalo en el hoyo. Comprueba que las ramas bifurcadas sobre el tallo están a 2,5 cm por debajo del nivel del suelo. Si no, cava más el agujero.

2. Cuando la planta esté asentada a la profundidad correcta, sácala del hoyo y agrega dos puñados grandes de compost o estiércol bien descompuesto al fondo. Riega el fondo del hoyo si está seco.

3. Vuelve a colocar la planta en el hoyo, verifica de nuevo la profundidad y rellena con las manos los lados del cepellón usando la tierra que has sacado.

4. Cuando hayas llenado el hoyo, riega solo si el suelo está seco. Yo suelo pisar con cuidado la base de la planta para reafirmarla.

5. Aplica un mantillo de cartón sujeto con algunas piedras o astillas de madera alrededor de la base de la planta, para evitar que las malas hierbas compitan con los brotes cuando emerjan.

6. Por último, corta todos los tallos a unos 2,5 cm del suelo para fomentar un brote de crecimiento nuevo y fresco cuando llegue la primavera.

SEGUIR CULTIVANDO

Mantén los tallos libres de hierbas. Si el mantillo que los rodea se ha descompuesto, renuévalo con cartones o periódicos rotos. Extiéndelos alrededor de los tallos de modo que ocupen 30 cm desde la base de la planta. Una capa de ceniza de madera a principios de primavera mejorará la cosecha. Puedes guardar la ceniza de una estufa o fuego de leña. Cada dos primaveras, también agrego de 3 a 5 cm de compost para fomentar un crecimiento fuerte.

Podar

La poda anual del grosellero negro es fácil, mantiene la planta bien establecida y hace que tenga un alto rendimiento. Cada invierno, corta hasta el suelo un tercio de los tallos más viejos (los más gruesos) y retira los tallos dañados o que crezcan horizontalmente. Busca también tallos que se crucen, pero corta solo los más viejos de esos pares hasta el nivel del suelo. El objetivo es dejar dos tercios de los tallos originales en su lugar, ¡así que no te pases con la poda!

PROPAGAR

Los esquejes de grosellero negro plantados en macetas o en el suelo tienen una tasa de éxito de entre el 90 y el 95 por ciento. Los restos de la poda son excelentes esquejes, por lo que no hay desperdicio. El material podado de una sola grosella negra madura producirá fácilmente de 20 a 30 plantas nuevas.

- Después de podar el arbusto, recorta los restos en longitudes de 25 cm, asegurándote de que haya un brote en la punta de cada esqueje. Luego, haz un corte en ángulo de 1 cm por encima y en diagonal desde el cogollo superior, para que la lluvia resbale.
- Coloca los esquejes a una distancia de entre 7-10 cm y a una profundidad de aproximadamente 15 cm en macetas llenas con una mezcla mitad y mitad de tierra y compost, o en bancales elevados.
- Deja que los esquejes crezcan durante todo un año y recuerda mantener los tallos libres de malezas a medida que crecen.
- Al siguiente otoño, los esquejes habrán echado raíces y crecido de nuevo. Una vez que las hojas se hayan caído, levanta los esquejes con una horca. Llegados a este punto, puedes replantarlos a 30 cm de distancia para que sigan creciendo o colocar cada esqueje en un recipiente grande con una mezcla de cuatro partes de tierra y una de compost. Si tienes varios esquejes, pon algunos en un recipiente con suficiente compost para cubrir las raíces. Trasplanta los esquejes siguiendo los pasos de la página anterior, y recuerda cortar todos los brotes hasta 2,5 cm por encima del nivel del suelo para obtener un estallido de crecimiento en primavera. Estos esquejes de raíz desnuda son un buen material de trueque en los intercambios de plantas.

GROSELLA ROJA, GROSELLA BLANCA Y UVA CRISPA

Las grosellas rojas y blancas se parecen mucho a las grosellas negras, pero se cultivan de la misma manera que la uva crispa, por eso las he agrupado juntas. Estos tres arbustos de frutos blandos crecen mejor en un solo tallo que forma ramas, y en eso son diferentes a las grosellas negras, las cuales tienen muchos tallos.

COMENZAR

El final del invierno y el comienzo de la primavera, cuando los arbustos jóvenes están inactivos, son los mejores momentos para plantarlos. Utiliza el mismo método de trasplante que se mostró anteriormente para las grosellas negras (ver p. 111), pero asegúrate de que haya al menos de 5 a 7 cm de cada tallo por encima del suelo antes del punto donde comienza a ramificarse. Además, planta siempre a la misma profundidad a la que crecía la planta antes; mira de cerca el tallo y verás una marca donde cambia de color, de color madera oscura (bajo tierra) a color madera más clara (sobre la tierra). Planta el arbusto de modo que el suelo esté al nivel de esa marca. Las plantas que tienen de cuatro a cinco tallos principales deben podarse todos de modo que cada uno tenga aproximadamente 15 cm de largo.

Las frutas rojas maduras parecen piedras preciosas y tienen un sabor delicioso. Las grosellas negras (*arriba, izquierda*) se cultivan de manera diferente a las rojas (*arriba, derecha*), las blancas (*abajo, izquierda*) y la uva crispa (*abajo, derecha*).

SEGUIR CULTIVANDO

A principios de la primavera, cubre todos los arbustos frutales perennes con una gruesa capa de ceniza de madera rica en potasas (de una estufa de leña o chimenea) para fomentar un rendimiento fuerte.

Mantener estos arbustos de un solo tallo libres de malas hierbas es más fácil que limpiar en torno a los numerosos tallos de grosella negra. Un mantillo funciona bien; yo prefiero usar astillas o compost.

Las grosellas rojas parece que atraen más pájaros que las grosellas negras maduras, especialmente mirlos. Suelo cosecharlas en cuanto se ponen rojas y dejo que los pájaros se coman algunas, pero si tienes un problema grave con esto, consulta la p. 164 para ver consejos sobre cómo disuadir a los pájaros.

Podar

Cada invierno, elimina los tallos muertos y dañados de tus plantas maduras. Corta a la mitad de su longitud los nuevos brotes, más blandos que la madera y de punta verdosa. Corta siempre hasta un cogollo que mire hacia fuera. Para fomentar una forma de «copa» y permitir que circule el aire, corta los brotes que crezcan hacia dentro o que se apelotonen en el centro. Esto es como dejar que el arbusto respire.

Cubre tus arbustos de grosella y de uva crispa cada primavera con una capa de compost (como se muestra arriba) o astillas.

GUARDA LAS PODAS DE LOS ARBUSTOS DE FRUTOS ROJOS PARA ESQUEJES: PODRÁS CULTIVAR MÁS O PRODUCIR PLÁNTULAS PARA TRUEQUES.

ARÁNDANOS Y FRAMBUESAS

El compost elaborado con gran variedad de ingredientes, como yo recomiendo, tendrá naturalmente un pH neutro. Esto se adapta a todos los cultivos de este libro salvo los arándanos, que necesitan un suelo ácido. Hacer compost ácido para un solo cultivo no es muy práctico si se quieren cultivar alimentos gratis, y por eso no hablo sobre el cultivo de arándanos. Las frambuesas también las he dejado fuera porque ocupan mucho espacio en relación con la cantidad de fruta que se obtiene y además son menos fiables que otras frutas blandas.

PROPAGAR

Puedes propagar grosellas rojas, blancas y uva crispa utilizando un método muy similar al de las grosellas negras. Utiliza podas de cuando redujiste el nuevo crecimiento, durante el invierno.

1. Reserva las podas que midan entre 25 y 30 cm de largo, asegurándote de que haya un brote en la parte superior de cada esqueje.

2. Mantén las tres o cuatro yemas superiores en el esqueje, pero elimina las restantes frotándolas con los dedos.

3. Planta los esquejes en el suelo a una profundidad de unos 10 cm y a una distancia de entre 7 y 10 cm, o en macetas llenas con una mezcla de cuatro partes de tierra por una de compost. Deja un espacio de entre 5 y 7 cm entre el nivel del suelo y la yema más baja. Esto estimulará el desarrollo del tallo único.

4. Deja los esquejes en la tierra hasta finales de otoño (casi un año después de haber tomado el esqueje por primera vez), quitando las malas hierbas que aparezcan, y luego sácalos. Trasplanta cada esqueje a su posición de crecimiento final o colócalo en un contenedor grande lleno con una mezcla de cuatro partes de tierra por una de compost. Recuerda plantar el esqueje al mismo nivel al que crecía anteriormente.

CULTIVA PLANTAS ANUALES

AUNQUE HAY QUE SEMBRARLAS
DE NUEVO CADA AÑO, LA
DIVERSIDAD, LA PRODUCTIVIDAD
Y EL SABOR DE LAS VERDURAS
ANUALES SON INSUPERABLES.

CÓMO SEMBRAR

En las siguientes páginas, descubrirás técnicas para cultivar plantas anuales con éxito. Lo primero es sembrar semillas, una habilidad sencilla pero importante a la hora de cultivar plantas que deben plantarse de nuevo cada año.

La mayoría de las plantas de un huerto son anuales, lo que significa que se siembran desde cero cada año. Hay varias cosas que considerar al sembrar. Además de lo que te cuento aquí, tienes más detalles en las instrucciones específicas de las páginas 130-155.

VIABILIDAD DE LAS SEMILLAS

Las plantas anuales dan gran cantidad de semillas. Comprueba que tus semillas son viables haciendo mi sencilla prueba (ver p. 83). Las semillas de algunas plantas son viables durante más tiempo que otras. Sembrar según los tiempos de almacenamiento máximos para cada cultivo indicados en las páginas siguientes dará buenos resultados de germinación. Tras estos periodos máximos, es poco probable que las semillas germinen a un ritmo confiable y, finalmente, este desciende tanto que las semillas quedan inutilizables. Mantén tus semillas guardadas en sobres en un lugar fresco y oscuro para una máxima longevidad.

TIEMPOS DE SIEMBRA

Para garantizar la mayor probabilidad de obtener una gran cosecha, a menudo se recomienda sembrar ciertos cultivos en una época particular del año. Esta información siempre está en la parte de atrás de los paquetes de semillas, pero creo que hay que ser escépticos. Algunos cultivos pueden iniciarse mucho antes en el interior o con protección; otros se pueden sembrar más tarde para obtener cosechas un poco menores. Ciertas plantas se siembran mejor en un momento determinado, como las chirivías (desde principios hasta mediados de primavera), pero puedes ser más flexible con otras, como la remolacha. Consulta la información en este capítulo para conocer así el momento de siembra idóneo para cada cultivo en particular.

PROFUNDIDAD DE LA SIEMBRA

Realmente no es necesario sacar la cinta métrica al sembrar hortalizas. Las semillas germinarán aunque las plantes a mucha o poca profundidad.

¿EN MÓDULOS O DIRECTAMENTE?

Se pueden sembrar en pequeñas macetas o módulos, o en el suelo directamente. Siémbralas en módulos a principios de año: haz un agujero en el compost con el dedo, deja caer la semilla y cubre. Mantén tus plántulas en un alféizar para que estén protegidas de las plagas y del frío. Debes trasplantarlas al exterior cuando sean lo bastante grandes. La siembra directa es mejor para semillas a las que no les importa el frío o que no se trasplantan bien.

Cuando siembres directamente, presiona una caña de bambú (ver p. 46) o la parte superior de un rastrillo en el suelo para hacer un hoyo poco profundo (usa una cuerda tensada entre dos palos para marcar una línea recta). Luego espolvorea semillas por encima. Termina cubriendo las semillas con tierra o compost.

COMPOST PARA SEMILLAS

El compost casero es mi primera opción para sembrar semillas, pero puedes mezclarlo con un 70-80 por ciento de tierra si tu suministro de compost es limitado. Aparta los trozos de material del tamaño de una moneda pequeña antes de sembrar, y deja los fragmentos más pequeños. No es necesario tamizar el compost al sembrar semillas pequeñas, como la lechuga. Piensa en la naturaleza: las semillas nunca caen en una alfombra de compost bien tamizado.

Planta las semillas en un agujero poco profundo (en la imagen, hecho con el mango de un rastrillo) en el suelo (*arriba*), en módulos (*abajo izquierda*) o en macetas improvisadas, como los tubos de cartón (*abajo derecha*).

CÓMO Y CUÁNDO REGAR

Las plantas anuales necesitan mucha agua al principio, cuando crecen con fuerza, pero demasiada agua puede causar problemas. Saber cómo y cuándo regar garantizará que tus semillas y plantas tengan un buen comienzo.

Las semillas germinan mejor si mantienes húmedo el compost. En macetas, módulos, bandejas y el suelo, hundo el dedo 1 cm en el compost y, si noto que está seco, lo riego un poco. Es posible que necesites regar diariamente en los días cálidos y soleados, pero solo tendrás que hacerlo una vez cada 3 días cuando el cielo esté nublado.

Los cubos, macetas y neumáticos se secan más rápido que los bancales elevados, por lo que, durante un periodo de sequía, riega primero esas plantas.

PLÁNTULAS
Las plántulas jóvenes son vulnerables si el suelo se seca porque sus raíces aún no pueden absorber agua de la profundidad. La primera semana es la más importante, así que intenta regar bien al menos una vez cada 2 días durante tiempo cálido y seco, pero con menos frecuencia a medida que crezcan. Riega cuando los 2 cm superiores de la tierra o el compost estén secos. Si las plántulas comienzan a marchitarse, riega profundamente y se recuperarán rápidamente.

RECIÉN TRASPLANTADAS
Riega las que hayas trasplantado recientemente a contenedores o bancales lo antes posible para estimular el crecimiento y la extensión de sus raíces. Cuando trasplanto plántulas al aire libre, trato de hacerlo justo antes de una lluvia intensa, para ahorrar agua, aunque tal vez no puedas planificarlo así.

PLANTAS JÓVENES Y MADURAS
Una vez que tus plantas anuales tengan más de cinco o seis hojas verdaderas (lo que significa que también tendrán un buen sistema de raíces), podrás reducir el riego. Para la mayoría de las plantas en bancales

elevados o en contenedores muy grandes y profundos, dos veces por semana es suficiente. Si ha llovido, es posible que no necesites regar las plantas maduras durante un mes. Consulta la p. 27 para obtener consejos durante las sequías.

EL MEJOR MOMENTO DEL DÍA
En verano, el momento más eficaz para regar es antes de las diez de la mañana, porque la humedad baja hasta las raíces. Al mediodía, la mayor parte del agua se evapora rápidamente con la luz solar intensa antes de llegar a las raíces. Cualquier gota que quede en las hojas puede actuar como un lupa y quemarlas. Evita regar por la noche, para no atraer babosas.

MARCHITAMIENTO FÚNGICO
Esta enfermedad, causada por hongos, hace que las plántulas se doblen y se marchiten. Suele afectar a las plántulas en interiores y ser causado por una mala circulación del aire, exceso de agua y hacinamiento, todo lo cual es evitable. Yo sigo estos tres sencillos pasos para evitar el marchitamiento fúngico:
- Siembra en pocas cantidades para evitar el hacinamiento y elige un lugar soleado cerca de una puerta o ventana para que circule el aire fresco.
- Deja pequeños espacios entre macetas y bandejas para crear un buen flujo de aire y reducir la humedad alrededor de las plántulas.
- Riega solo cuando la capa superior de 1 cm se note seca. El compost saturado y la mayor humedad provocan rápidamente marchitamiento fúngico.

Yo utilizo mi regadera improvisada (ver pp. 48-49) para regar las plantas más resistentes de mis bancales elevados.

CÓMO TRASPLANTAR

Sigue estas técnicas al trasplantar plántulas o plantas jóvenes a una posición temporal o permanente, especialmente si planeas cultivar todo lo que puedas en tu parcela.

Trasplantar es fácil siempre y cuando recuerdes ser cuidadoso con las plántulas y las plantas jóvenes y mantenerlas regadas. Hay dos etapas clave:
• **Trasplantar la plántula**, es decir, pasar plántulas pequeñas, por ejemplo de lechuga, de las bandejas de semillas a macetas individuales para que sigan desarrollándose antes de plantarlas en el exterior.
• **Plantar en el exterior** es pasar plántulas con un cepellón saludable junto con compost, por ejemplo de judías verdes, o sin cepellón, por ejemplo de puerros, a su posición final en el exterior.

HACERSE RESISTENTES

Algunas plántulas de hortalizas tiernas que comienzan en el interior necesitan hacerse resistentes antes de trasplantarlas. Sácalas al aire libre de día y vuelve a entrarlas a última hora de la noche durante 3 o 4 días consecutivos. Así se aclimatarán gradualmente a las condiciones fluctuantes del exterior. En teoría, según este método, será menos impactante para las plantas cuando finalmente se planten fuera, pero, según mi experiencia, requiere mucho tiempo y solo vale la pena para plantas muy tiernas, como las judías verdes enanas, las judías verdes y las calabazas. Las plántulas necesitan calor para asentarse y crecer, por lo que es una buena idea estar atento al clima. Evita trasplantar si hay pronóstico de tiempo frío y húmedo.

1

2

3

PLANTAR PLÁNTULAS

La mayor parte de tus trasplantes la realizarás desde macetas y bandejas a contenedores y bancales. Sigue estos sencillos pasos para tener éxito:

1. Primero, asegúrate de que tus plántulas están bien regadas. Decide dónde plantarlas y haz pequeños agujeros con los dedos para marcar las posiciones.

2. Si usas macetas biodegradables, omite este paso. Si no, dale la vuelta al recipiente y pon los dedos sobre la parte superior. Golpea la base para liberar las raíces.

3. Sujeta la planta (o la planta en su maceta biodegradable) con una mano y con la otra mano o una paleta haz un hoyo del tamaño de las raíces.

4. Coloca la planta (incluida la maceta biodegradable) en el hoyo y empuja con los dedos la tierra alrededor de las raíces. Afirma suavemente la plántula en su lugar.

5. Continúa trasplantando el resto de las plántulas y riégalas bien; si usas una botella de plástico, vierte agua en la tierra inmediatamente alrededor de la plántula para que llegue directamente a las raíces.

ASENTAR LAS PLANTAS

Las plántulas a veces pueden parecer poco felices en su nuevo entorno. Sé paciente. Se esfuerzan en formar nuevas raíces y tardarán alrededor de una semana en asentarse antes de poner energía en un nuevo crecimiento. En la fase de «asentamiento», asegúrate de regarlas al menos 3 días después del trasplante.

Los trasplantes sin un cepellón desarrollado, como en el caso de coles y puerros, son particularmente vulnerables después de plantarlos, porque algunas raíces se habrán perdido al sacarlas de la tierra. Mantenlas bien regadas y pronto se recuperarán.

PROTEGER LAS PLÁNTULAS

Una vez trasplantadas, tus plántulas corren el riesgo no solo de cambios de temperatura no estacionales, sino también de plagas como babosas y caracoles. Ten a mano una sábana vieja para cubrir rápidamente las plántulas si se pronostica que la temperatura bajará inesperadamente (consulta mi regla de los cuatro grados, p. 24). También es una buena idea colocar trampas para babosas y barreras para evitar que se coman las plántulas durante la noche (ver pp. 160-163).

4 **5**

CÓMO QUITAR LAS MALAS HIERBAS

Las malas hierbas pueden ser la forma que tiene la naturaleza de proteger el suelo desnudo, pero estas tenaces plantas pueden echar raíces rápidamente en un terreno cuidadosamente cultivado. A continuación se muestran mis métodos demostrados de mantener tu espacio de cultivo libre de malezas.

Las malas hierbas se establecen muy rápidamente, y la mejor estrategia es arrancarlas lo antes posible. Cuanto más tiempo las dejes, más fuertes se volverán sus sistemas de raíces y más difícil será eliminarlas. También es vital arrancarlas antes de dar semillas y multiplicarse por todo el huerto. Yo dedico un tiempo cada semana para explorar los alrededores y sacar cualquiera que haya aparecido. Es importante no cavar, rastrillar o perturbar el suelo innecesariamente. Esto simplemente traerá otras semillas a la superficie del suelo, donde germinarán y crecerán.

SÉ MÁS COMPETITIVO QUE ELLAS

Una de las formas más efectivas de reducir la cantidad de hierbas es mantener el suelo densamente plantado para que les sea difícil crecer. Una vez que las verduras estén bien establecidas, habrá mucha sombra, lo que no les conviene y el resultado será una germinación reducida y plántulas más débiles.

Los métodos de plantación, como los cultivos intercalados (ver p. 20), también son una buena manera de minimizar los espacios entre plantas y, al mismo tiempo, maximizar la productividad de tu parcela. Yo suelo plantar rábanos entre las cebollas, por ejemplo, para conseguir dos cosechas diferentes en un mismo espacio.

La siembra sucesiva (ver p. 42) es otra opción muy efectiva, porque así aprovecharás al máximo tu espacio de cultivo. Tener el suelo desnudo durante largos periodos hace más probable que crezcan malas hierbas.

IDEA

Quita las malezas en una mañana soleada y luego deja las plantas pequeñas y desarraigadas en la superficie para que se sequen y mueran. Se descompondrán y devolverán nutrientes al suelo.

CUBRE EL SUELO

Cubrir el suelo con mantillo puede evitar que las malas hierbas colonicen zonas desnudas. Cualquier hierba que atraviese el mantillo puede eliminarse fácilmente. Un mantillo de compost casero también agrega nutrientes. Un terreno que no se esté usando se puede cubrir con capas de cartón o periódico, poniendo piedras encima para que no se los lleve el viento. Un inconveniente de este método es que se crea un hábitat para las babosas, pero existe una solución. Haz una trampa de cartón para babosas (ver p. 162) y mantendrás a raya tanto las babosas como las malas hierbas. Las malas hierbas crecen también en invierno, por lo que siempre es una buena idea cubrir el suelo desnudo durante esa época del año.

QUÉ HACER CON LAS MALAS HIERBAS

Dejar que las malas hierbas arrancadas se cuezan al sol las mata sin duda. Durante la estación más fría, recolecta las malezas que aún no hayan florecido y colócalas en tu compostador. Nunca pongas malas hierbas que estén en flor o que hayan dado semillas. Si hay semillas de malezas en tu compost, las estarás plantando en tu parcela sin darte cuenta cuando apliques el compost.

Retira las malas hierbas tan pronto aparezcan (*arriba, izquierda*). Puedes prevenir su crecimiento plantando densamente para desplazarlas (*arriba, derecha*) o bien suprimiéndolas con cartones (*abajo, izquierda*).

MALAS HIERBAS COMESTIBLES

Los dientes de león (*ver arriba*), la pamplina y las ortigas son comestibles, pero pronto se apoderarán de tus bancales si las dejas crecer. En lugar de eso, si tienes espacio, reserva un rincón para las plantas silvestres comestibles que no necesitan tu intervención. Las ortigas también son valiosas porque atraen insectos beneficiosos para polinizar las plantas, así como pájaros que se alimentan de las plagas.

COSECHAR Y ALMACENAR

Comer alimentos que tú mismo has cultivado es como tener tu propia verdulería gratuita todos los días del año. La comodidad y la satisfacción de tener algo listo para cosechar en cualquier estación también es algo que motiva mucho.

Si acabas de comenzar tu huerto, deberás ser paciente. Esperar a que las plantas crezcan y maduren puede ser un reto, pero en cuanto coseches y te comas tus primeros cultivos, sabrás que ha valido la pena. La mayoría de los horticultores tienen más de lo que necesitan, así que, ¿por qué no compartir parte de la cosecha con un amigo o vecino?

AÑO DE COSECHA

La primavera puede ser ligera en cuanto a cosechas. Algunos cultivos abandonados en invierno pueden reaparecer a principios de primavera, como las acelgas, y los primeros del año llegarán a mediados de primavera, como rábanos, lechugas y espinacas.

El verano marca el inicio de las grandes cosechas. La mayoría de tus cultivos estarán listos entonces: guisantes y alubias, tubérculos, calabazas, hojas de ensalada, tomates y pimientos, y ajos y cebollas.

Las cosechas importantes siguen hasta finales de otoño, cuando empiezan a aparecer las hortalizas de invierno, como el colinabo y los puerros.

¡Asegúrate de cosechar calabazas a tiempo para Halloween! Espera hasta después de una helada para sacar las chirivías, ¡una de mis verduras favoritas!

A mediados de invierno ya no queda mucho por cosechar, pero puedes seguir recogiendo colinabo, puerros y kale cuando las necesites.

PREPARARSE PARA EL TIEMPO DEL HAMBRE

El periodo que va entre principios de primavera y principios de verano, cuando las hortalizas de invierno han terminado pero los nuevos cultivos aún no han madurado, se conoce como el «tiempo del hambre». Asegúrate de guardar algunas de tus verduras de invierno para esa época. Si dejas las raíces de las acelgas y las espinacas en el suelo en invierno, las plantas producirán una nueva oleada de deliciosas hojas frescas cuando regrese el calor en primavera.

ALMACENAJE

Comerse los productos lo antes posible después de la cosecha es la mejor manera de aprovechar al máximo el sabor de tus cultivos. La mayoría se puede almacenar en la nevera, en un recipiente hermético, entre 5 días y 1 semana después de la cosecha, pero también tienes otras opciones:

- **Dejar los cultivos en su lugar** es quizá la forma más sencilla de conservar el sabor. Puedes utilizar este método para verduras resistentes, como la kale, las chirivías y el colinabo. Las zanahorias y las remolachas también se pueden mantener en el suelo, pero se deben cubrir con mantillo si todavía están en su sitio a principios del invierno.
- **Escalda y congela** las cosechas de coles de Bruselas, guisantes y tallos de acelgas que no puedas comerte en el momento de la cosecha. Para escaldarlas, pon las verduras en agua hirviendo durante un par de minutos y luego transfiérelas inmediatamente a agua fría. Escúrrelas, déjalas secar y luego congélalas.
- **Debes secar las patatas, los garbanzos,** las cebollas y el ajo antes de almacenarlos. Los detalles para cada cultivo se dan en sus instrucciones de cultivo específicas.

Nada supera la sensación de regresar del huerto con una excelente cosecha de frutas y verduras.

IDEA

Los fracasos ocurren de vez en cuando, por mucha experiencia que tengas, pero siempre hay otra oportunidad al año siguiente. Aprende de tus fracasos y disfruta de tus éxitos.

Semillas de judía
verde enana

Alubias pintas

IDEA

Evita guardar semillas de cultivos que hayan florecido y producido semillas demasiado pronto. Esas plantas pueden producir descendencia propensa a que vuelva a ocurrir lo mismo.

Dientes
de ajo

Semillas
de chile

Semillas de
capuchina

Guisantes

Semillas de
remolacha

Semillas de
lechuga

Semillas
de rábano

GUARDA TUS PROPIAS SEMILLAS

Al cultivar alimentos gratis, hay dos razones clave para guardar tus propias semillas. En primer lugar, te ahorra comprarlas, y en segundo lugar, puedes cambiarlas por otras variedades en los intercambios de semillas.

Las semillas son las partes de la planta que producen descendencia; incluyo dientes (ajo) y tubérculos (patatas) para simplificar. Algunas plantas anuales dan flores y semillas el año en que se siembran. En otros casos, como con la remolacha, hay que esperar hasta el año siguiente antes de que los cultivos produzcan semillas para recolectar. Yo guardo semillas de:

- alubias y guisantes
- rábano
- patatas
- oca
- lechuga
- espinaca
- tomates
- pimientos
- ajo.

Los procedimientos para guardar semillas para cada uno de estos cultivos se pueden encontrar en las instrucciones de cultivo de cada planta en las páginas siguientes. Al seleccionar plantas para guardar semillas, asegúrate de elegir los mejores ejemplares. Así es más probable que sus semillas den cultivos de alta calidad.

FIELES A SÍ MISMAS

Muchas verduras, como las zanahorias y el kale, se polinizan fácilmente con otras plantas. Esto significa que no puedes estar seguro de la calidad de los cultivos que darán tus semillas, ya que contendrán material genético de las plantas con las que se han polinizado de forma cruzada. Por eso no doy instrucciones para guardar semillas de esas plantas.

Yo guardo semillas de distintas plantas, como alubias, ajo, guisantes, tomates, lechuga y rábanos.

Algunas verduras, como los tomates, las alubias y los guisantes, se autopolinizan, así que sus semillas casi siempre darán la misma variedad. Hay una pequeña posibilidad de polinización cruzada, pero es un riesgo que yo siempre estaré dispuesto a correr.

Las variedades de hortalizas híbridas (como las semillas etiquetadas F1) se producen cuando deliberadamente se polinizan de forma cruzada diferentes plantas. Las semillas recolectadas de estas variedades no dan resultados consistentes, así que quédate siempre con las variedades concretas si quieres guardar semillas. El paquete estará etiquetado como «patrimonio» o «polinización abierta».

ALMACENAR LAS SEMILLAS

Debes secar las semillas durante unos días para eliminar la mayor cantidad de humedad posible; lo ideal es dejarlas en un periódico o en una bandeja para hornear en el alféizar de una ventana soleada. Luego colócalas en sobres viejos o en macetas y frascos de vidrio con tapas herméticas. No olvides etiquetar los envases, porque algunas semillas se parecen mucho y se mezclan fácilmente. Las semillas en recipientes transparentes sellados se guardan mejor en cajones y armarios oscuros. Las semillas en sobres o recipientes que excluyen la luz se pueden guardar en la nevera. Asegúrate de escribir la fecha en que guardaste las semillas en cada sobre y verifica la longevidad esperada para ese cultivo para saber cuánto tiempo seguirán siendo viables las semillas.

Cuando las plantas que crecen a partir de la semilla guardada comienzan a perder vigor y producen rendimientos inusualmente bajos, es hora de sembrar semillas frescas. Puedes obtenerlas de forma gratuita mediante intercambios de semillas.

GUISANTES Y ALUBIAS

Las verduras de vaina se cultivan en el suelo, en bancales elevados o en contenedores grandes. Las legumbres de mayor crecimiento, como guisantes y alubias trepadoras, maximizan el espacio vertical, una gran ventaja si tienes poco espacio.

Las alubias y los guisantes suelen sufrir menos plagas y enfermedades que otros cultivos, especialmente si se cultivan en módulos interiores, donde también están protegidos del frío (a algunos les afectan mucho las heladas). Al final de temporada, cuando hayas recogido toda tu cosecha, corta las plantas pero deja sus raíces fijadoras de nitrógeno para enriquecer el suelo.

a. JUDÍAS VERDES (Y OTRAS ALUBIAS TREPADORAS)

Originalmente cultivadas como ornamento por sus flores rojas, las judías verdes dan cosechas deliciosas y abundantes y necesitan muy poco mantenimiento.

Comienza

A mediados o finales de primavera, siembra las semillas en tubos de cartón para que las raíces tengan espacio para crecer y no se dañen al trasplantar las plántulas. Utiliza compost o una mezcla mitad y mitad de tierra y compost, y empuja una semilla por tubo hasta una profundidad de entre 4 y 5 cm. Colócala en un alféizar interior soleado y mantén el compost húmedo.

Cultiva

Las judías verdes son sensibles a las heladas, así que espera a que hayan pasado y a que las plantas midan más de 10 cm para trasplantar todo el tubo al exterior. Las alubias trepadoras, que pueden crecer hasta 2 m, necesitan una estructura de soporte (ver a la derecha). Dale a cada planta su propio tutor y átala suavemente a este con una cuerda para que se entrelace. Riega bien cuando se formen flores y corta la punta de crecimiento de cada planta cuando alcance la altura del tutor.

Cosecha

A partir de finales de verano, cosecha las judías verdes cuando midan unos 20 cm de largo y aún estén tiernas, aproximadamente tres meses después de la siembra.

Mientras haya flores, seguirás teniendo judías. Cuando las vainas se vuelvan más grandes y un poco coriáceas, quítales la parte fibrosa recortando los bordes duros antes de cocinarlas.

Guarda semillas

Deja algunas vainas en la planta para que se doren, luego retíralas de la planta y saca las semillas. Seca las semillas y guárdalas en un sobre (ver p. 129). Úsalas antes de que pasen 3 años.

CREAR UN SOPORTE PARA LAS ALUBIAS

Clava unas cañas altas (de unos 2 m) hasta 30 cm en el suelo y átalas firmemente por la parte superior, como si hicieras un tipi indio. También puedes construir un marco en A (ver más abajo) con dos «extremos» y soportes verticales cada 30 cm unidos por una «cresta» horizontal.

a

b

c

b. JUDÍAS VERDES ENANAS

Como solo crecen 45 cm, las judías verdes enanas no necesitan soporte, pero sí protección contra el frío.

Comienza

En mayo, siembra las semillas en macetas o en tubos de cartón como si fueran alubias trepadoras y colócalas en un alféizar soleado. Mantén el compost húmedo.

Cultiva

Tras la última helada, cuando las plántulas midan unos 10 cm, sácalas de sus macetas y trasplántalas a tu parcela (o plántalas con la maceta si es biodegradable). Ponlas bastante juntas (a 15 cm) para que se apoyen entre sí. Si alguna se dobla por el peso de las vainas, instala un palo o una ramita a 5 cm de la planta para darle apoyo. Como son plantas pequeñas de raíces poco profundas, es bueno cubrirlas con una capa de 2-3 cm de recortes de césped en la temporada de crecimiento. Esto retiene la humedad del suelo y evita que las raíces se sequen.

Cosecha

A partir de finales del verano, comienza a recolectar cuando las vainas tengan 8-10 cm, generalmente 2 o 3 meses después de la siembra, y antes de que se endurezcan. Cocínalas al vapor o hiérvelas un poco antes de comerlas para conservar el buen sabor.

Guarda semillas

Como con las judías verdes (*ver página opuesta*).

c. HABAS

Las habas, a diferencia de las alubias trepadoras y las judías verdes enanas, son resistentes y fáciles de cultivar. Algunas variedades tienen bonitas flores rojas.

Comienza

A finales de invierno o principios de primavera, siembra una semilla en cada tubo de cartón con compost (esto dejará suficiente espacio para que crezcan las raíces). Colócalo en un alféizar soleado y riega regularmente.

Cultiva

Trasplanta las plántulas en sus tubos cuando tengan 7 cm de altura, dejando un espacio de 30 cm entre las plantas. Las habas tienen raíces largas que pueden

a

sobresalir del tubo. En lugares expuestos, guía los tallos con una caña de 60 cm a unos 5 cm de la planta y átalos sin apretar con hilo suave o con tiras de sábanas viejas.

Cosecha

Retira la parte superior de las plantas (las 6 hojas jóvenes superiores aproximadamente) una vez que hayan comenzado a florecer para evitar infestación de pulgón negro. Puedes comerlas cocidas o salteadas. Recolecta cuando las vainas estén firmes y las habas tengan un buen tamaño. Los cultivos a partir de semillas maduran en un plazo de tres a cuatro meses.

Guardar semillas

Igual que para las judías verdes (ver p. 130).

a. GUISANTES

Mis guisantes casi nunca llegan a la cocina, porque son perfectos para comer mientras trabajo en el huerto. Algunas plantas de guisante pueden crecer más de 160 cm de altura, y los zarcillos necesitan tutores a los que agarrarse. Los guisantes sobreviven a las heladas ligeras y se pueden sembrar a principios de primavera.

Comienza

Siembra los guisantes en tubos de cartón o macetas pequeñas (sus raíces no necesitan tanto espacio como las habas) de principios de primavera a mediados de

ESTRUCTURA PARA GUISANTES

Clava en la tierra ramitas (una por grupo) para sostener las plántulas durante los primeros 30 cm de crecimiento. Yo uso ramas viejas de árboles de Navidad y dos postes de cerca reciclados con malla metálica como estructura principal (*ver a la derecha*). Si cultivas guisantes en contenedores, introduce ramas o rodea el contenedor con malla metálica. Las diferentes variedades de guisantes crecen a diferentes alturas, así que si no estás seguro, apunta alto. Una vez que los guisantes hayan alcanzado su altura máxima, anótala. Al año siguiente, cuando siembres las semillas que has guardado de tu cultivo, sabrás a qué altura debes hacer los soportes.

verano. Llena los tubos con compost; pon de 2 a 3 semillas por módulo y no te preocupes por que las plantas estén muy juntas: no competirán entre sí al madurar. Mantenlos húmedos y colócalos en el alféizar de una ventana soleada. También puedes sembrar guisantes para cosechar los brotes. Llena con 5 cm de compost una bandeja poco profunda con drenaje y agrega una capa de guisantes y otra capa de 1 cm de compost. Riega bien y deja en un alféizar soleado.

Cultiva
Si cultivas guisantes, trasplanta las plántulas cuando tengan 7-10 cm. Los grupos se pueden espaciar solo 5 cm. Necesitarás un soporte (*ver al lado*).

Cosecha
Puedes cosechar los brotes de guisantes cuando tengan 6 cm de altura y comértelos crudos en ensaladas. Incluso si estás cultivando guisantes hasta que maduren, puedes seleccionar algunos brotes para fomentar que las plantas crezcan tupidas. Recoge los guisantes maduros cuando sus vainas estén firmes al tacto. Esto debería ocurrir entre 12 y 14 semanas después de la siembra.

Guardar semillas
Como con las judías verdes (ver p. 130).

b. GARBANZOS
Los garbanzos solo resisten heladas ligeras pero, a diferencia de otras legumbres, aguantan bien las sequías.

Comienza
Siembra en tubos de cartón o en macetas pequeñas en el interior a mediados de primavera para obtener los mejores resultados. Inserta una semilla por maceta o tubo y tenlas en un alféizar soleado.

Cultiva
Planta las plántulas cuando tengan al menos unos 7 cm de altura. Deja una separación de 15 cm entre cada planta para que se apoyen entre sí a medida que crezcan. Los garbanzos alcanzan una altura de solo 45 cm, por lo que no necesitan una estructura de apoyo.

Cosecha
Los garbanzos tardan aproximadamente 3 meses en madurar a partir de la semilla. Aprieta las vainas verdes y si las notas firmes, es que están listas para ser cosechadas.

Guarda semillas
Como las judías verdes (ver p. 130).

b

Cada vaina de garbanzo contiene una media de dos garbanzos, necesitarás cultivar suficientes plantas para obtener una buena cosecha.

BRÁSICAS

Todas las hortalizas de este grupo se siembran al mismo tiempo y con el mismo método. Su exuberante crecimiento necesita un suelo rico, así que asegúrate de añadir suficiente compost o estiércol antes de plantar.

Siembra estas plantas tolerantes al frío en módulos o macetas para trasplantarlas más tarde. Si tienes espacio, siembra las semillas directamente en el suelo y luego aumenta la separación entre las plantas. Las brásicas pueden ser el objetivo de la mosca de la col y de las mariposas blancas de la col. Ver p. 164 para soluciones. Omito las coliflores porque ocupan mucho espacio y pueden ser difíciles de cultivar, pero prueba con ellas cuando hayas adquirido algo de confianza.

a. COLES DE BRUSELAS
Las coles de Bruselas enfrentan opiniones, pero las de cosecha propia son realmente difíciles de superar, especialmente cuando se recogen frescas.

Comienza
A finales de invierno, siembra 3 semillas por maceta o módulo pequeño lleno con una mezcla mitad y mitad de tierra y compost, y colócalas en el alféizar de una ventana soleada. Conserva la plántula más fuerte por maceta pasada una semana. También puedes sembrar una hilera de semillas a 2 cm de profundidad en un bancal elevado o un contenedor. No hay que separarlas, simplemente extrae las plántulas cuando tengan entre 7 y 10 cm de altura y trasplántalas a su lugar final.

Cultiva
Trasplanta las plántulas, espaciándolas a unos 30 cm y riega regularmente. Si las plantas parecen pesadas e inestables, ponles un rodrigón o tutor en otoño.

Cosecha
Hay variedades tempranas, de mitad de temporada y tardías. Coséchalas cuando tengan buen tamaño y un tacto agradable y firme. Puedes cosechar las hojas: cocínalas al vapor o saltéalas antes de comerlas.

b. COL
Creo que las coles de verano y otoño dan los mejores rendimientos, pero también puedes cultivar coles de invierno, que tienden a tener cabezas más pequeñas, por lo que es menos probable que las derribe el viento.

Comienza
Como las coles de Bruselas. Siembra coles de verano a finales de invierno, pero espera hasta la primavera para sembrar coles de otoño.

Cultiva
Trasplanta las plántulas de modo que queden separadas unos 45 cm para darles espacio para extenderse. Las raíces son pequeñas en comparación con el crecimiento superior, y algunas pueden ser derribadas durante una tormenta. Afirma con cuidado la tierra a su alrededor una vez trasplantadas y riega regularmente para que no se sequen.

Cosecha
Recoge las coles cuando las cabezas sean grandes y tengan un tacto firme.

GUARDAR SEMILLAS DE BRÁSICAS
No es práctico conservar las semillas de brásicas, ya que la polinización cruzada y la endogamia pueden provocar cultivos de mala calidad. Intenta conseguir semillas de brásicas en un intercambio de semillas: un paquete puede mantener un pequeño jardín en funcionamiento durante algunas temporadas, y las semillas seguirán siendo viables hasta 4 años.

c. KALE

La kale es la reina del huerto: es extremadamente productiva, muy resistente y tanto las flores como las hojas son comestibles. Crece bien en contenedores grandes, si no tienes mucho espacio.

Comienza

Como las coles de Bruselas. Siembra entre principios de primavera y principios de verano.

Cultiva

Trasplanta las plántulas de kale cuando tengan entre 7 y 10 cm de altura, espaciándolas 45 cm para que cada planta tenga espacio. En sitios expuestos o ventosos, plántalas algo más juntas. Resiste bien las sequías.

Cosecha

A partir de mediados de otoño, empieza a cosechar las hojas inferiores, recogiendo poco y a menudo. Quitar demasiadas a la vez afecta al crecimiento. Déjala en la tierra en invierno y que la planta florezca en primavera. Trata las flores igual que las del brócoli morado, recogiendo los brotes a medida que aparecen. Podrás cosechar esos brotes durante semanas.

d. BRÓCOLI MORADO

Para mucha gente, esta es la verdura número uno. Yo cultivo la variedad de cosecha tardía porque se puede recoger en invierno y principios de primavera, cuando no hay muchas otras verduras frescas disponibles.

Comienza

Como las coles de Bruselas. Siembra en primavera.

Cultiva

Planta las plántulas, espaciándolas unos 45 cm para que se sostengan entre sí durante el invierno, cuando estén maduras. Riega regularmente, especialmente durante los periodos secos.

Cosecha

Corta los brotes morados a medida que aparecen. Creo que cuanto más se cosecha, más brotes produce la planta. Cosecha también las hojas: están buenas al vapor o picadas en salteados.

HORTALIZAS DE RAÍZ

Como su nombre indica, estas verduras crecen bajo tierra y algunas pueden permanecer allí incluso cuando hay heladas. Algunas de las mencionadas, técnicamente, son brásicas, pero yo las trato como hortalizas de raíz.

a. RÁBANO
Estas pequeñas raíces no podrían ser más fáciles de cultivar y son excelentes para macetas.

Comienza
Las semillas de rábano se pueden sembrar desde principios de primavera hasta finales de verano, e incluso hasta principios de otoño en las regiones más cálidas. Siembra las semillas en un recipiente y cúbrelas con 1 cm de compost. En bancales o en el suelo, siembra en hileras de 1 cm de profundidad y con 10 cm de separación.

Cultiva
No los separo porque crean espacio a medida que crecen empujándose entre sí. Siembra una hilera cada 1 o 2 semanas para evitar el exceso.

Cosecha
Los rábanos tardan en madurar entre 4 y 6 semanas y están mejor muy frescos. Arranca con cuidado los más grandes por la base de las hojas, dejando que crezcan los pequeños. Deja que algunos formen vainas de semillas, que se pueden comer cuando están verdes, o déjalas secar y recoge las semillas (ver más abajo). Puedes comerte las hojas cuando las raíces dejen de formarse a finales de otoño (o antes). Arráncalos cuando lleguen las heladas.

a

GUARDAR SEMILLAS DE RÁBANO
Deja en la tierra 6 plantas que hayas sembrado a principios de primavera para que florezcan y den semillas. Cuando las vainas se vuelvan marrones (*ver imagen*), arranca las plantas y cuélgalas en manojos con las vainas hacia abajo. Pon una caja debajo para recoger las semillas cuando las vainas se sequen y se abran. Guárdalas en tarros o sobres en un lugar fresco y oscuro, y utilízalas antes de 2 años.

b   c

b. REMOLACHA

La remolacha es una de mis hortalizas favoritas. Las raíces son deliciosas asadas y las hojas jóvenes frescas se pueden comer crudas.

Comienza

Remoja en agua las semillas antes de sembrarlas para que germinen más rápidamente. Siembra al aire libre desde principios de primavera hasta mediados de verano en hileras de 2 cm de profundidad y 20 cm de separación. También puedes sembrar la remolacha en macetas de papel de periódico rellenas de compost (ver p. 30). La remolacha es resistente y las semillas son viables durante 3 años.

Cultiva

Espácialas a una plántula cada 5 cm o trasplántalas a su posición definitiva cuando tengan tres o cuatro hojas. Riega con regularidad, sobre todo en tiempo seco.

Cosecha

Recoge unas hojas jóvenes y saltéalas o añádelas a la ensalada. Yo suelo arrancar las remolachas antes de que tengan el tamaño de una bola de tenis y las utilizo a mediados de invierno. Las sembradas en primavera estarán listas en verano, y las de verano, en otoño.

c. ZANAHORIA

Cuesta describir la emoción de arrancar zanahorias, pero para mí es de los mejores momentos del año.

Comienza

Se pueden cultivar en el suelo, en bancales elevados o en macetas grandes (no les van bien las pequeñas). No se trasplantan bien, así que siémbralas en su lugar definitivo, de mediados de primavera a mediados de verano en hileras de 1-2 cm de profundidad y con 15 cm de separación. No dejes que la tierra se seque durante la germinación. Las semillas son viables unos 3 años.

Cultiva

Espácialas a una cada 5 cm y toma medidas contra la mosca de la zanahoria, una plaga que puede causar estragos (ver p. 164). Riega bien en épocas secas.

Cosecha

El diámetro de la parte superior naranja, justo por encima de la tierra, es un buen indicador del tamaño de la raíz. Cuando estés satisfecho con su tamaño, puedes arrancarlas, primero las más grandes, dejando que las más pequeñas sigan creciendo. Aunque son resistentes, suelo cubrirlas con una capa de hojas o paja para protegerlas y la quito cuando es necesario.

a. NABOS

Aunque pienses que no te gustan los nabos, intenta cultivarlos y cómelos tiernos. Te llevarás una sorpresa muy grata.

Comienza

Siembra las semillas en el suelo o en un bancal elevado, una semilla cada 1 cm y en hileras de 15 cm y 1 cm de profundidad. Después deja solo una planta cada 5 cm. Puedes sembrar variedades tempranas desde principios de primavera, y variedades tardías desde mediados de verano. Las semillas son viables durante 4 años.

Cultiva

Riega regularmente, sobre todo en climas secos, y vigila las malas hierbas.

Cosecha

Maduran en solo 8-10 semanas. Disfrútalos jóvenes, antes de que el sabor se vuelva demasiado potente. Yo saco todos los nabos a mediados de invierno. Se conservan en el frigorífico hasta una semana.

b. NABICOL

El nabicol tiene solo la mitad de calorías que las patatas, por lo que es una alternativa fantástica. La raíz produce nuevas hojas comestibles en primavera si se dejan en el suelo durante el invierno.

Comenzar

Siembra las semillas a finales de primavera, en la tierra o en un bancal elevado, separadas 2 cm, a 2 cm de profundidad y a 30 cm de distancia. Son viables 4 años.

Cultiva

Reduce a una plántula cada 7-10 cm. Quita las malas hierbas y riega con regularidad.

Cosecha

A partir de mediados de otoño, extráelos según los necesites, los más grandes primero, o déjalos en la tierra durante el invierno.

c. CHIRIVÍAS

Aunque las chirivías tardan en germinar y desarrollarse, son deliciosas asadas y siempre saben más dulces después de la primera helada.

Comenzar

De principios a mediados de primavera, siembra en el suelo 3 semillas separadas 7-10 cm, en filas a 20 cm. No dejes que la tierra se seque mientras germinan.

Cultiva

Reduce plántulas hasta quedarte con las más fuertes y quita con regularidad las malas hierbas. Cuando crezcan bien, riega solo si el suelo está muy seco.

a b

Cosecha

Extrae las chirivías desde el otoño hasta finales del invierno, las más grandes primero. Espera a después de la primera helada para que tengan mejor sabor.

d. PATATAS

Las patatas son muy fáciles de conseguir. Un año recibí tres lotes de tubérculos germinados de mis amigos. Hay tres tipos: patatas nuevas, patatas semitardías y patatas tardías. Las patatas crecen mejor en un lugar con pleno sol durante la mayor parte del día, y crecen bien en contenedores grandes, en bancales elevados y en el suelo.

Hay tres métodos que utilizo para cultivar patatas: cavando, sin cavar y el método del contenedor. Los explico a continuación.

Comienza

Comienza el proceso de cultivo para los tres métodos con patatas de siembra. Primero, estimula la formación de brotes, lo que dará ventaja a tu cosecha, aunque no es esencial. Dos o tres semanas antes de plantar, coloca las patatas de siembra en una sola capa (las cajas de huevos de cartón son perfectas) en un lugar fresco y luminoso, de modo que la parte con más «ojos» quede hacia arriba. Estarán listas para plantar cuando tengan brotes cortos y fuertes de unos 3 cm.

Trasplanta

Las patatas nuevas se plantan a principios de primavera (listas para cosechar entre 10 y 12 semanas más tarde), las patatas semitardías entre principios y mediados de primavera (listas para cosechar 14 semanas después) y las tardías entre principios y mediados de primavera (para cosechar entre 16 y 18 semanas después).

Se pueden plantar más tarde, pero eso aumenta el riesgo de plagas (ver p. 166). En regiones más húmedas, recomiendo plantar como muy tarde a mediados de primavera, y priorizar las patatas nuevas y semitardías.

- **Método cavando.** Necesitarás bancales elevados de 30 cm de profundidad. Cava una zanja de la profundidad de una pala (25 cm) y agrega al fondo una capa de 5 cm de estiércol bien descompuesto, compost basto o restos de verduras. Coloca una patata de sembrar cada 30 cm a lo largo de la zanja y luego cúbrelas con la tierra de la propia zanja. Si te caben para más filas, deja 30 cm entre ellas. Los brotes aparecerán 3-4 semanas después.

- **Método sin cavar.** Puedes cultivar patatas con este método en un terreno preparado (ver p. 40) o en un bancal elevado poco profundo con tierra vegetal a una profundidad de al menos 10 cm. Asegúrate de que la hierba no crezca en el bancal. Coloca las patatas de siembra a una distancia de 30 cm sobre la tierra y cúbrelas con al menos 5 cm de compost o

c d

estiércol bien descompuesto. Luego cubre el compost con una capa gruesa (20 cm) de hojas trituradas, paja o una mezcla de recortes de césped y hojas de otoño.

- **Método del contenedor** Los contenedores grandes (unos 30 l) son perfectos para cultivar patatas. Llénalo hasta la mitad con una mezcla mitad y mitad de tierra vegetal y compost o estiércol bien descompuesto, y planta dos o tres patatas de siembra encima. Agrega más mezcla de tierra y compost y deja un espacio de 7 cm por debajo del borde del recipiente.

Cultiva

Las patatas son vulnerables a las heladas, pero una helada ligera mata solo la parte que crece sobre el suelo, y la planta echará nuevos brotes. Ver pp. 24-25 para ver formas de proteger tu cultivo de las heladas.

- **Método cavando.** Cuando los brotes hayan crecido hasta unos 7 cm por encima de la superficie, amontona tierra sobre ellos con un rastrillo. Este proceso ayuda a generar mayores rendimientos. Solo necesitas hacerlo una vez. Riega las plantas si el suelo está seco.

La aparición de **flores de patata es una señal** de que tu cosecha está lista para ser recogida.

- **Método sin cavar.** Una vez que emerjan los brotes de patata, cubre con otra capa de mantillo de 15 a 20 cm.
- **Método con contenedor.** Cuando aparezcan los brotes, llena el contenedor hasta arriba para cubrirlos, con la misma mezcla de cuando sembraste las patatas. Mantén bien regado cuando la planta crezca con fuerza, especialmente en climas cálidos.

Cosecha

Una vez que las patatas comiencen a florecer, retira con cuidado un poco de compost de las raíces para ver si hay algún tubérculo que valga la pena cosechar.

- **Método cavando.** Desentierra una planta con una horca. Si crees que las patatas son demasiado pequeñas, deja las restantes una semana más.
- **Método sin cavar.** Retira el mantillo y deja las patatas al descubierto. En este método solo puedes recoger unos pocos tubérculos de cada planta a la vez.
- **Método con contenedor.** Inclina el recipiente para verter el contenido en un cesto o una sábana vieja y recoge las patatas. Agrega el resto de la tierra y el compost a un bancal elevado, o mézclalo con algo de compost adicional y úsalo en otro recipiente.

Almacenaje

No laves las patatas cosechadas. Déjalas durante un día en el exterior, sobre cartones o periódicos, para que se sequen al sol. Después ponlas en sacos o en cajas de cartón forradas con periódico y guárdalas en un lugar fresco, seco y oscuro.

GUARDA PATATAS DE SIEMBRA

Cuando recojas tu cosecha, selecciona algunas patatas de pequeño a mediano tamaño para plantar al año siguiente. Solo deben tomarse de plantas que no hayan estado expuestas a plagas. Sécalas al sol durante 2 o 3 días y luego ponlas en un lugar fresco, oscuro y aireado, como un cobertizo o un garaje. Guárdalas en cajas de cartón para huevos con un par de hojas de periódico encima para fomentar una buena circulación de aire alrededor de los tubérculos.

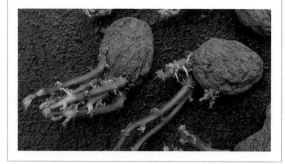

¿LO SABÍAS?

Las patatas son plantas perennes, y los tubérculos que quedan en el suelo pueden brotar al año siguiente. Sufren varias plagas y enfermedades, por lo que es mejor tratarlas como si fueran plantas anuales.

Las ocas son pequeños tubérculos que suelen ser de color rosado o rojizo (*arriba*). Una vez que aparecen las tupidas plantas (*izquierda*), se pueden desenterrar del mismo modo que las patatas. Atento a las flores amarillas (*arriba, izquierda*) en verano.

OCA

Como la patata, la oca es una planta perenne que aquí trato como anual. Aunque es originaria de América Central, se introdujo en Nueva Zelanda, lo que explica que se la conozca como «boniato de Nueva Zelanda». Los tubérculos de oca son pequeños y tienen un rendimiento menor que las patatas. Al igual que las patatas, se cultivan cada año a partir de tubérculos que se plantan en primavera. Las plantas de oca son ideales para espacios más pequeños porque son relativamente cortas y crecen bien en contenedores grandes y en neumáticos. Sin embargo, necesitan un lugar que reciba mucha luz solar.

Comienza

Planta los tubérculos de oca en el exterior cuando ya no haya riesgo de heladas. Utiliza un palo para hacer agujeros de unos 5 cm de profundidad a 20 cm de distancia en contenedores o bancales elevados con una mezcla de un 70 por ciento de tierra y un 30 por ciento de compost (aunque cuanto más compost, mejor). Pon un tubérculo de oca en cada hoyo y cúbrelo de tierra con las manos. También puedes plantar los tubérculos a 5 cm de profundidad en macetas en el alféizar de tu ventana a principios de la primavera y luego pasa las plántulas al exterior, a 20 cm entre ellas, unas 2 o 3 semanas después de la fecha promedio de la última helada. Si se pronostica una helada inesperada, tendrás que tomar medidas para proteger los tiernos brotes de oca (ver pp. 24-25).

Cultiva

Recomiendo enterrar la oca de la misma manera que las patatas, cubriendo suavemente las plantas con una capa de tierra de 5 a 10 cm cuando tengan alrededor de 7 cm de altura. Los tubérculos crecen cerca de la superficie, lo que les da más espacio y puede ayudar a aumentar el rendimiento. La única tarea que queda es controlar las malas hierbas en las primeras etapas de crecimiento y regar si el suelo se seca mucho. A mediados de verano, las plantas habrán crecido y se habrán extendido, lo que mantiene a raya las malas hierbas.

Cosecha

Después de la primera helada, las hojas y los brotes empezarán a morirse, pero los tubérculos permanecerán protegidos en el suelo. Espera hasta que toda la parte superior esté muerta y haya comenzado a descomponerse (generalmente desde finales de otoño hasta principios de invierno) y entonces cosecha todos los tubérculos; si esperas más, los ratones pueden diezmar tu cosecha.

Guardar ocas de siembra

Al igual que con las patatas, deberás guardar durante el invierno los tubérculos de oca que quieras plantar al año siguiente en una caja de cartón forrada con un par de hojas de periódico. Mantén la caja en un lugar oscuro y fresco (pero libre de heladas) para plantarlas la primavera siguiente.

ALCACHOFA CHINA

Estos tubérculos (*derecha*), al igual que la oca, son bastante difíciles de conseguir de forma gratuita. Sin embargo, el interés está aumentando y no me sorprendería que un gran número de horticultores comenzaran a cultivarlas en los próximos años. Las alcachofas chinas se cultivan igual que la oca. También es importante cosechar todos los tubérculos de alcachofa china de una sola vez para evitar la decepción de que los roedores se los coman durante el invierno. Guarda algunos tubérculos cosechados hasta la siguiente primavera, igual que con la oca (*ver arriba*).

CULTIVOS DE HOJA

Comprar hojas de ensalada es muy caro, teniendo en cuenta la cantidad que se puede cultivar con un solo paquete de semillas. Trata todas las verduras de hoja que aparecen a continuación como cultivos que se pueden cortar y volver a usar, tomando unas pocas hojas por vez. Pronto aparecerán hojas frescas.

Puedes plantar todos estos cultivos en contenedores. Llena un recipiente con compost, espolvorea las semillas en la superficie y cubre con otra capa de 1 cm de compost. Recoge las hojas más grandes cuando las necesites y deja que se desarrollen las más pequeñas.

a. LECHUGA
Cosecha las hojas de lechugas sembradas bien juntas cuando las necesites. Se pueden cultivar en el suelo, en bancales elevados o en contenedores.

Comienza
Siembra las semillas de lechuga directamente en su posición al aire libre desde principios de primavera hasta finales de verano en hileras de 1 cm de profundidad y 10 cm de distancia. Las semillas seguirán siendo viables hasta 5 años.

Cultiva
Riega bien, especialmente antes de que aparezcan las plántulas, y evita las babosas (ver pp. 160-163). Para reducir la floración, cultiva en sombra parcial.

Cosecha
Corta las hojas según las necesites y antes de que las plantas florezcan, pues entonces se vuelven amargas.

b. ESPINACA
En zonas cálidas, siembra espinacas tardíamente en bancales elevados y mantenlas en el mismo lugar en invierno para que vuelvan a dar cosecha en primavera.

Comienza
Siembra directamente en su posición definitiva al aire libre desde principios de primavera hasta finales de

a b c

verano en hileras de 2 cm de profundidad y 15 cm de separación, o siembra semillas individuales en módulos.

Cultiva
Trasplanta las plántulas a 10 cm cuando tengan 4-5 hojas verdaderas. Las sembradas a finales de verano se pueden trasplantar a bancales elevados durante el invierno (si no hay muchas heladas en tu huerto).

Cosecha
Recolecta hojas cuando sean lo bastante grandes, o espera 10-12 semanas para hojas mayores. Las que han pasado el invierno en el suelo se pueden recoger desde principios de primavera.

c. RÚCULA
Sus hojas dan un toque especial a las ensaladas. Puedes sembrarlas hasta finales de verano.

Comienza
Las siembras desde mediados a finales de verano dan las mejores cosechas, pero puedes comenzar a mediados de primavera. Siembra en hileras de 1 cm de profundidad y 10 cm de separación.

Cultiva
Mantén la rúcula bien regada durante los periodos secos. Tiene tendencia a florecer prematuramente.

Cosecha
Elige hojas tiernas cuando las necesites para una cosecha extendida en el tiempo. Las flores de verano también son comestibles, y tienen un fuerte sabor a pimienta.

d. ACELGAS (Y ESPINACA PERPETUA)
Mi tipo de acelga favorita es la Bright Lights, un híbrido con increíbles tallos amarillos, rosados y rojos.

Comienza
Para las hojas tiernas, siembra las semillas directamente en hileras a 10 cm de distancia. Para hojas más grandes, siembra 3 semillas a 2 cm de profundidad cada 15 cm. Las semillas seguirán siendo viables hasta 3 años.

Cultiva
Mantén las acelgas libres de malas hierbas y regadas en los periodos secos. Si sembraste semillas de 3 en 3, conserva solo la plántula más fuerte: dará mejor calidad.

Cosecha
Corta las hojas tiernas para ensaladas. Las plantas tardan 10 semanas en madurar, cuando las hojas y los tallos son deliciosos ligeramente cocidos; sigue cosechando durante meses. Cubre la unión de tallos y raíces con hojas de otoño y deja las plantas en su lugar durante el invierno. Brotarán en primavera.

d

GUARDAR SEMILLAS
Deja algunas plantas de lechuga y espinacas en el suelo para que florezcan. Cuando las flores se pongan marrones, desentierra las plantas y cuélgalas boca abajo con una maceta o caja debajo para recoger las semillas cuando caigan. También puedes, cuando las vainas se hayan secado, pasar los dedos por los tallos y recoger las semillas que caen (*ver a la derecha*).

CUCURBITÁCEAS

Este productivo grupo de hortalizas se extienden muy rápidamente. Al plantarlas obtendrás, además de excelentes rendimientos, mucho follaje supresor de malezas, lo que también ayudará a evitar que la tierra se seque.

a

Necesitan pleno sol y son vulnerables a las heladas. Espera a la última helada para trasplantarlas fuera y dales tiempo a madurar antes de mediados de otoño; incluso una helada leve puede matarlas. Les gusta la tierra rica y necesitan agua, así que no dejes que se sequen. Algunas calabazas crecen como arbusto, pero otras son rastreras y pronto pueden ocupar espacios pequeños. Los calabacines y los pepinos crecen bien en contenedores grandes.

a. CALABAZAS
Los tallos trepadores de algunas calabazas pueden alcanzar hasta 5 m. Ponlas en círculos alrededor de palos cortos para ahorrar espacio.

Comienza
A principios de primavera, germina las semillas con la prueba de germinación (ver p. 83). Cuando aparezcan las primeras hojas, rasga el papel alrededor de las raíces de la semilla germinada y plántala en una maceta casi llena de compost; esto será a mediados de primavera. Cúbrela con 1 cm de compost, riega bien y déjala en un alféizar soleado.

Cultiva
Trasplanta al aire libre cuando las plantas tengan al menos cuatro hojas verdaderas, pero solo cuando ya no haya riesgo de heladas; el comienzo del verano es un momento ideal. Las calabazas son plantas hambrientas, así que agrega dos o tres puñados grandes de compost o estiércol bien descompuesto al fondo del hoyo. Crecen lentamente durante algunas semanas después de ser trasplantadas.

Cosecha
Cuando el tallo esté maduro y coloreado, córtalo, pero no demasiado cerca del fruto. Cosecha calabazas verdes antes de la primera helada y déjalas en un alféizar soleado para que maduren.

Guarda semillas
Aunque sus semillas son viables 5 años, las calabazas se polinizan de forma cruzada. Puede que las semillas guardadas no sean fieles a la variedad original.

b

c

b. CALABACINES

Son las cucurbitáceas más productivas y fáciles. Algunos son amarillos o rayados, y otros son redondos.

Comienza

Siembra las semillas como las de calabaza de invierno (*ver página opuesta*) o en macetas llenas de compost en el interior a una profundidad de 2 cm a mediados de primavera. Las semillas son viables durante 5 años.

Cultiva

A principios de verano, cuando las plántulas de calabacín midan unos 15 cm, trasplántalas al exterior. Protégelas contra las babosas con ramitas de zarza alrededor de la base de las plantas y revisa si hay babosas por la noche. Para cultivar en contenedores, pon cada planta en una maceta grande (45 cm de ancho) llena de compost. Mantenlas bien regadas; evita salpicar las hojas para prevenir el oídio (ver p. 167).

Cosecha

Desde mitad de verano, recolecta regularmente para prolongar la cosecha hasta principios de otoño.

c. PEPINOS

Los pepinos se pueden cultivar a cubierto, pero yo recomiendo una variedad conocida de exteriores.

Comienza

Siembra semillas de pepino igual que las de calabaza, o, en el interior, en macetas llenas de compost a principios de primavera, para así aumentar las posibilidades de una buena cosecha. Las semillas son viables durante 5 años.

Cultiva

Trasplanta a contenedores grandes (45 cm de ancho) con compost y ponlos en un alféizar soleado. A principios de verano, pásalos fuera, idealmente contra una pared al sur, y dales apoyo. Guía los tallos en una pequeña tienda india (de 1 m de altura) hecha de palos o cañas con una cuerda enrollada alrededor y mantenla bien regada.

Cosecha

Recolecta regularmente desde mitad de verano para fomentar que haya más frutos.

TOMATES

Hay dos tipos de tomatera: arbustiva y trepadora. Los tomates arbustivos no necesitan soportes, pero ocupan más espacio. Las variedades de tomates más populares son trepadoras y te recomiendo que comiences con estas.

A los tomates les gusta un lugar cálido, protegido y soleado. Sembrar semillas en el interior a finales de invierno o a principios de primavera dará a las plantas una buena ventaja inicial y aumentará el rendimiento durante un periodo más largo. Los tomates son vulnerables a las heladas, así que no los trasplantes al exterior hasta después de las heladas. Una pared de color claro orientada al sur es el lugar ideal para cultivar tomates, y en contenedores medianos o grandes (los neumáticos también van bien) llenos a partes iguales de tierra vegetal y compost casero. Puedes obtener semillas de tomates maduros de la tienda o los cultivados por un amigo (*página opuesta*).

Comienza
Los vasos de yogur con agujeros en la base son ideales para sembrar semillas de tomate. Agrega una capa de compost de 2,5 cm y coloca 3 semillas espaciadas encima. Cubre con 5 mm de compost y no dejes que se sequen. Obtendrás entre 1 y 3 plántulas. Retíralas todas menos la más fuerte, y deja que crezca hasta unos 5 cm; la planta parecerá un poco patilarga. Echa con cuidado compost alrededor de la plántula hasta el primer conjunto de hojas para crear una planta fuerte. Las semillas son viables 4 años como mínimo.

Cultiva
Si la plántula crece demasiado en la maceta, retírala con cuidado: dale la vuelta al recipiente, coloca los dedos en la parte superior, y golpea la base para liberar las raíces. Trasplántala a una maceta más grande con compost. Cuando el clima comience a ser más cálido y no haya heladas durante 3 semanas, es hora de trasplantar los tomates a su lugar final. Llena la maceta elegida con la mezcla mitad y mitad de tierra y compost e inserta una planta de tomate por contenedor.

Los tomates trepadores necesitan un soporte vertical fuerte de al menos 1,5 m de altura. Una caña va bien, o también puedes apoyar un palé contra la pared. A medida que el tallo crezca, utiliza hilo suave para atar la planta al soporte a intervalos de 10 cm. Los tomates trepadores desarrollan brotes laterales: quítalos con los dedos. Eso concentrará la energía de las plantas en producir flores en lugar de más hojas. Los brotes laterales eliminados echarán raíces si los colocas en macetas, pero las plantas no desarrollarán frutos antes de que bajen las temperaturas. Cuando haya cuatro conjuntos de flores (racimos) que estén formando frutos pequeños, corta la parte superior del tallo para detener el crecimiento y permitir que los frutos maduren mejor.

El riego irregular puede hacer que los tomates se agrieten y dar lugar a la podredumbre apical, un trastorno que afecta a la punta del fruto (ver p. 166). Evita problemas regando bien cada 2 o 3 días secos y, después de lluvias fuertes, espera 2 o 3 días antes de volver a regar. Los tomates necesitan alimentarse una o dos veces por semana después de que hayan aparecido las primeras flores. El fertilizante casero de consuelda (ver pp. 74-75) es ideal y rico en nutrientes. Dilúyelo en una regadera.

Cosecha
Recoge los tomates cuando se pongan rojos (o, según la variedad, amarillos o naranjas). Guárdalos en el alféizar de la ventana y cómetelos en unos días. Evito guardarlos en la nevera porque creo que eso reduce su sabor, aunque es posible que necesites hacerlo si tienes demasiados.

Yo cultivo una amplia variedad de tomates y busco especialmente semillas de aquellos que no se encuentranr en los supermercados.

GUARDA SEMILLAS DE TOMATE

Elige tomates maduros y pon las semillas en un frasco limpio. Llénalo hasta la mitad con agua y déjalo hasta que se forme espuma en la superficie (unos 5 días). Retira la espuma y vacía el contenido en un colador. Enjuaga bajo el grifo, separa las semillas, extiéndelas sobre papel de cocina y déjalas en el alféizar de una ventana. Una vez que estén completamente secas, recógelas y guárdalas en un frasco de vidrio o un sobre sellado en un lugar fresco y oscuro. Se pueden usar en los siguientes 4 años.

PIMIENTOS Y CHILES

Estos coloridos miembros del género *Capsicum* son ideales para contenedores.
No ocupan mucho y se pueden cultivar en el interior, en un alféizar soleado.
Incluso puedes cultivarlos con semillas de hortalizas compradas en la tienda.

Los pimientos necesitan calor y humedad. En regiones frías, cultívalos en el interior, junto a una ventana grande al sur o una puerta cristalera. En regiones cálidas, siembra en contenedores en lugares soleados y lleva las plantas al interior por la noche para que no sufran grandes cambios de temperatura. Las plantas libres de estrés producirán cultivos más saludables.

Comienza

Empieza a cultivar pimientos a finales de invierno sembrando de 2 a 3 semillas por maceta a unos 0,5 cm de profundidad. Deja las macetas en un lugar cálido hasta que las semillas germinen. Cuando aparezcan las plántulas, trasládalas a un lugar soleado y deja solo una plántula por maceta.

Cuando las raíces salgan por el orificio de drenaje, pasa las plantas a macetas más grandes con una mezcla del 70 por ciento de tierra vegetal y 30 por ciento de compost. Pellizca las puntas en crecimiento de los chiles cuando tengan 20-25 cm de altura para lograr un crecimiento más frondoso. El recipiente final para los pimientos debe ser de al menos 5 litros (20 cm de diámetro y 20 cm de profundidad). Lo ideal es que puedas levantarlo y llevarlo dentro con facilidad. Agrega 2 puñados de compost al fondo de la maceta y llénala con tierra vegetal cuando trasplantes las plántulas. Si no tienes compost, puedes mezclar tierra con algo de café molido y ceniza de madera.

Cultiva

Riega bien los pimientos 2 veces por semana con tiempo seco. Cuando aparezcan las flores, dales fertilizante líquido cada 2 semanas para promover un crecimiento saludable. Yo utilizo fertilizante casero de consuelda (ver pp. 74-75), pues tiene un alto contenido de potasa, necesaria para que den frutos. Para que los chiles piquen más, riega con menos frecuencia cuando aparezcan los frutos.

Cosecha

Los pimientos se pueden cosechar verdes o rojos. Recógelos cuando estén verdes para estimular la formación de más frutos, o rojos para un sabor más dulce. Yo recojo mis chiles cuando están verdes, ya que no siempre maduran en el frío clima de Gales.

Los chiles maduran a diferentes ritmos, por lo que tanto los frutos verdes como los rojos (o amarillos y morados) pueden aparecer en la misma planta al mismo tiempo. Si te gustan picantes, déjalos el mayor tiempo posible antes de cosecharlos.

Puedes secar los chiles (incluidas las semillas) colgándolos por los tallos en un lugar seco y aireado. También puedes ensartar chiles en un hilo y colgarlos dentro hasta que se sequen; tienen un gran aspecto.

Guardar semillas

Extrae las semillas de los pimientos maduros y (con cuidado) de los chiles, luego extiéndelas y colócalas en un alféizar soleado para que se sequen por completo. Guárdalas en un sobre viejo en un lugar oscuro para poder sembrarlas al año siguiente.

LAS SEMILLAS DE PIMIENTO SUELEN SER UN PRODUCTO SOBRANTE DE LA COCINA, ASÍ QUE ES FÁCIL OBTENERLAS.

Recojo mis pimientos morrones cuando están verdes (*arriba*), pero en lugares cálidos es posible que desees esperar hasta que los morrones (*abajo, izquierda*) o los chiles (*abajo, derecha*) hayan tomado su color final.

IDEA

*Cuando recolectes
semillas de chiles, ponte
guantes o lávate bien las
manos después para
evitar el ardor al tocarte
los labios o los ojos.*

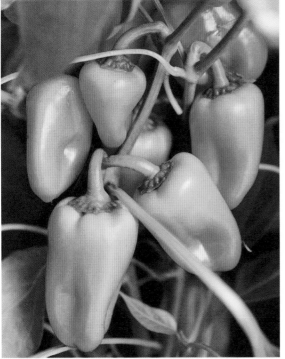

AJOS, PUERROS Y CEBOLLAS

En este gran grupo de plantas con flores, las tres en las que debemos centrarnos son el ajo, el puerro y la cebolla. Se necesita un poco de paciencia para cultivar puerros, pero las cebollas y el ajo no podrían ser más sencillos.

Las plantas del género *Allium* no requieren muchos nutrientes y prefieren suelos ligeros. Cultívalas en bancales cubiertos con una capa de 5 cm de compost o en contenedores grandes llenos con una mezcla de cuatro partes de tierra por cada una de compost.

a. AJO

De los tres cultivos recomendados, el ajo, versátil y de fuerte sabor, es el más adecuado para cultivar en contenedores grandes, como cubos, bañeras y neumáticos. Si eres nuevo en la horticultura, plantar este cultivo sencillo y poco exigente es un excelente modo de comenzar tu experiencia.

Comienza

Para garantizar el éxito, planta en su posición final dientes uno a uno con 15 cm de separación y a 5 cm de profundidad desde mediados hasta finales de otoño. A finales de invierno deberías ver pequeños brotes, pero no es necesario protegerlos de las heladas o la nieve. El ajo es muy resistente.

Cultiva

Riega el ajo en los periodos de calor y sequedad para evitar que la planta florezca de forma precoz.

Cosecha

A principios de verano o una vez que el 50 por ciento de las hojas se hayan vuelto marrones, las plantas se pueden arrancar con cuidado. Ata manojos de entre 8 y 10 cabezas y cuélgalos en un lugar luminoso y aireado durante algunas semanas para que se sequen por completo. Guarda las cabezas en un lugar fresco y seco.

b. PUERROS

Los puerros tardan en germinar y crecen despacio, pero la ventaja es que puedes dejarlos en el suelo hasta que los necesites.

Comienza

A mediados de la primavera, siembra al menos una hilera de semillas de puerro a 1 cm de profundidad al final de un bancal elevado o en un recipiente grande. Obtendrás al menos 20 plantas en una hilera de 30 cm. Si deseas filas adicionales, ponlas a 15 cm.

Cultiva

Una vez que los puerros se acercan al grosor de un lápiz, es necesario trasplantarlos a sus lugares permanentes. Extrae con cuidado grupos de plántulas de puerro, sumerge las raíces en un cubo con agua y sepáralas con cuidado. Con un palo, haz agujeros de 15 a 20 cm de profundidad y 20 cm de distancia en un bancal elevado o en un contenedor con compost. A continuación, coloca una plántula en cada agujero; es posible que debas empujarla ligeramente hacia abajo para que llegue al fondo. No te preocupe si solo queda un poco de hoja por encima del suelo. Vierte agua en el hoyo y deja que parte de la tierra vuelva a caer, pero no permitas que el hoyo se llene por completo: los tallos se hincharán más si hay menos resistencia contra ellos.

Cosecha

A finales de otoño, por fin podrás empezar a cosechar y recoger los puerros, posiblemente hasta principios de primavera. Utiliza una horca para aflojar la tierra y al mismo tiempo saca los puerros del suelo suavemente para no dañar los tallos.

GUARDA DIENTES DE AJO

Las «semillas» de ajo son los dientes. Reserva tantos dientes como necesites y guárdalos en una pequeña caja de cartón en un lugar fresco y oscuro. El periodo de almacenamiento del ajo es breve porque los dientes se plantan en el año en que los guardamos. Si cosechaste el ajo en pleno verano, por ejemplo, puedes plantar los dientes a mediados o finales de otoño.

CEBOLLAS A PARTIR DE BULBOS

Los bulbos son cebollas inmaduras y estarán listas para la cosecha antes que si cultivas a partir de semillas.

Comienza

A principios de primavera, planta los bulbos de cebolla individualmente en macetas de periódico con compost. Empújalos hasta la mitad del compost, pon las macetas en el alféizar de una ventana y mantenlas regadas. También puedes plantar a mediados de la primavera directamente en el suelo. Empuja cada bulbo para que la mitad quede bajo el suelo, a 10 cm. Es recomendable cubrir los bulbos con ramas hasta que hayan arraigado bien para protegerlos de los pájaros.

Cultiva

Si comenzaste a cultivar cebollas en macetas, trasplántalas al exterior cuando las plántulas midan entre 7 y 10 cm, dejando 10 cm entre ellas.

Cosecha

A fines del verano, cuando las hojas se amarilleen y los bulbos estén firmes, extrae las cebollas. Puedes

Yo planto bulbos de cebolla (cebollas inmaduras, *arriba*) en lugar de semillas. Deja que las cebollas se sequen antes de guardarlas (*página opuesta*).

IDEA

Las hojas verdes de las cebollas normales se pueden utilizar como sustituto de la cebolleta. Toma una hoja de vez en cuando, córtala fina y añádela a una ensalada.

usarlas inmediatamente o secarlas para guardarlas. Para secar las cebollas, llévalas al interior y colócalas sobre papel de periódico en un lugar fresco y aireado, como un cobertizo o un garaje. Déjalas hasta que las hojas se vuelvan marrones (1 o 2 meses). Puedes dejarlas fuera con clima seco para acelerar el proceso, pero se pudrirán si las moja la lluvia. Ata las cebollas secas en manojos y úsalas cuando las necesites.

CEBOLLAS A PARTIR DE SEMILLAS

Siempre cultivo cebollas a partir de bulbos, pero las semillas son fáciles de conseguir.

Comienza

Siembra semillas en módulos de celdilla a finales del invierno. Llena los módulos y siembra 3-4 semillas por módulo a 1 cm de profundidad. Colócalos en un alféizar soleado y mantenlos regados. Las semillas de cebolla solo son viables durante un par de años.

Cultiva

Cuando las plántulas midan entre 5-7 cm, trasplántalas al suelo, espaciando los grupos a 10 cm. No hace falta seleccionar porque los bulbos de cebolla se alejarán unos de otros a medida que crezcan.

Cosecha

Igual que las cebollas a partir de bulbos.

MANTÉN EL SUELO SIEMPRE SANO

Respeta tu suelo, mantenlo sano y serás recompensado con plantas fuertes y cosechas abundantes. Un suelo sano está libre de químicos, tiene mucha materia orgánica y es hogar de lombrices de tierra y millones de microbios beneficiosos.

Desarrollar un suelo sano requiere tiempo y esfuerzo, pero tus plantas estarán mejor equipadas para absorber nutrientes, hacer frente a periodos de sequía y defenderse de las enfermedades.

Cubrir tu área de cultivo con compost al menos una vez al año mejorará la estructura del suelo y repondrá los nutrientes extraídos por el cultivo. Extiende 3-5 cm de compost (o estiércol) sobre toda la superficie en algún momento del otoño. No hace falta enterrarlo. Luego, agrega una o dos capas de cartón (o 10 capas de periódico) para mantener las malas hierbas a raya.

Retira lo que quede del cartón en primavera y siembra y/o trasplanta directamente en los bancales. Cuando los productos crezcan en invierno, aplica el mantillo de compost tan pronto hayas cosechado, y luego siembra y/o trasplanta directamente. Si acabas de empezar con la horticultura y no tienes suficiente compost, aplica fertilizante líquido casero (ver p. 73) y utiliza el método de cortar y tirar que describo aquí.

CORTAR Y TIRAR

Utiliza esta forma rápida y sencilla de mejorar tu suelo siempre que sea posible. Simplemente cosecha tus productos, corta el exceso de hojas, rómpelas en trozos pequeños y espárcelas sobre el área de cultivo para devolver los nutrientes al suelo. Si cosecho coles, por ejemplo, arranco la planta, le quito las hojas exteriores sueltas y dejo los trozos, bien rotos, en la superficie. El material vegetal dejado en el suelo en una capa delgada se descompone más rápidamente que en un compostador. Hay otras fuentes de materiales ricos en nutrientes que puedes agregar. La consuelda picada, la ortiga, las hojas de acedera y los recortes de césped sin químicos se pueden esparcir sobre la superficie.

TIERRA EN CONTENEDORES

Cuando cultives patatas u otros tubérculos, devuelve la tierra al contenedor después de la cosecha, pero con unos puñados grandes de compost casero mezclados para completar los niveles de nutrientes. Los contenedores en los que plantes otros cultivos, como legumbres y hojas de ensalada, se pueden cubrir con compost una vez que hayas cosechado el producto. Los cultivos en contenedores también se beneficiarán de los fertilizantes líquidos caseros, porque el bajo volumen de suelo en el que crecen no sustentará tantos microorganismos beneficiosos como las áreas más grandes de suelo en bancales elevados.

MIRAR AL FUTURO

Una vez que tengas suficiente compost casero para aplicar un mantillo anual al suelo de tus bancales y estés practicando la técnica de cortar y tirar, ya no será necesario seguir aplicando fertilizante líquido. Cuando hayas estado cultivando tus propios productos durante un par de años, es una buena idea rotar los cultivos en bancales elevados o en el suelo para preservar los nutrientes y protegerse contra enfermedades transmitidas por el suelo. Esto simplemente significa cambiar la posición de diferentes tipos de vegetales para que no crezcan en el mismo lugar todos los años. Explico esta técnica en detalle en las páginas 168-169.

Para mejorar la salud del suelo, extiende una capa de compost en tus bancales en otoño (*arriba, izquierda*), cubre los cultivos que pasan el invierno (en la imagen, espinacas) con hojas secas de otoño (*abajo*), y usa el método de cortar y tirar para agregar nutrientes al cosechar (*arriba, derecha*).

COMBATE PLAGAS Y ENFERMEDADES

NINGÚN HUERTO ESTÁ LIBRE DE PLAGAS Y ENFERMEDADES. YO EMPLEO ALGUNAS ESTRATEGIAS ORGÁNICAS PARA MANTENER LAS PLANTAS SALUDABLES Y MINIMIZAR LOS PROBLEMAS.

BABOSAS Y CARACOLES

Estas criaturas viscosas no tienen piedad con tus hortalizas y son capaces de comerse toda una hilera de plántulas durante la noche. Mi enfoque del problema es centrar mis esfuerzos en la prevención y hacer un seguimiento con acciones directas.

ACCIÓN DEFENSIVA

Controlar la población de babosas y caracoles no es difícil, y aunque aquí hablo de las babosas, las técnicas que uso se aplican igualmente a los caracoles. La acción defensiva funciona mejor a largo plazo, lo que significa crear barreras entre las babosas y tus cultivos y asegurarse de que las plantas puedan defenderse mejor por sí mismas cuando se trasplantan al exterior. Recuerda que las babosas siempre se concentran en las plántulas, más tiernas, así que protégelas al máximo.

Es mejor prevenir que curar cuando preparamos el inicio de la temporada de cultivo. Estas sencillas medidas harán que tanto tu parcela como tus plantas sean menos atractivas para las babosas y garantizarán menos problemas a largo plazo.

COMIENZA A CULTIVAR LAS PLÁNTULAS EN MÓDULOS

Las babosas se dirigen a las plántulas porque sus hojas y tallos son más jugosos. Al empezar a cultivarlas en módulos bajo techo, estas saldrán rápidamente de la etapa joven y tierna. Una vez que se desarrollan las hojas y los tallos, el follaje se endurece y es mucho menos apetecible para las babosas cuando se plantan fuera. Si te preocupan las babosas o tienes una gran población de estas, siembra tus semillas de brásicas y hojas de ensalada en módulos en el alféizar de tu ventana y déjalas crecer hasta que las plantas sean bastante grandes. Una lechuga con 10 hojas resistirá el ataque de las babosas durante mucho más tiempo que una planta muy joven con solo dos o tres hojas.

DESPEJA EL SUELO DE MALAS HIERBAS

Las babosas prefieren esconderse o moverse a cubierto, a menudo acechando debajo del follaje de las malas hierbas. Trata de estar atento a las malas hierbas dentro y alrededor de tu área de cultivo para que las babosas no salgan de su refugio por la noche y se dirijan directamente a tus hortalizas. Sigue los consejos de la página 124 para controlar las malas hierbas.

MANTÉN EL CÉSPED CORTO

A las babosas les encanta esconderse en la hierba alta durante el día porque tienen sombra y humedad. Mantén los caminos de césped alrededor o entre los bancales lo más cortos posible y evita problemas recortando los bordes con regularidad.

ELIMINA LOS ESCONDRIJOS

Además de la hierba alta, a las babosas les gusta esconderse debajo de trozos de madera desechados o de macetas viejas que quedan en el suelo. Veo muchos de estos objetos en parcelas descuidadas, y es posible que tengas algunos en tu propio huerto. Cuando limpies el suelo de estos hábitats tan atractivos para las babosas, la trampa de cartón que describo en la otra página será mucho más efectiva.

CREA BARRERAS

Las babosas odian deslizarse sobre material puntiagudo, así que construye una barrera alrededor de tus cultivos con secciones de 30 cm de tallos de zarzas u otras ramitas espinosas. Las zarzas son bastante fáciles de conseguir de forma gratuita, incluso en zonas urbanas; prueba en los terrenos baldíos o los terrenos comunales. Yo he obtenido excelentes resultados con este método, pero te recomiendo que uses guantes gruesos al hacer estas minicercas, ya que puede ser un proceso espinoso.

Hay babosas (*arriba*) y caracoles (*abajo*) de todas las formas y tamaños. Elimina sus escondrijos quitando las malas hierbas y cortando el césped.

AL ATAQUE

Después de usar la estrategia de prevención para reducir el número de babosas y caracoles, verás que algunas de estas hambrientas criaturas aún buscan comida en tu parcela. No creo que exista un huerto libre de babosas. Los siguientes métodos son, en mi experiencia, las formas más efectivas de combatir estas plagas de frente y sin gastar dinero.

LINTERNA Y CUBO

En una noche cálida y húmeda, sal a tu parcela con una linterna y un cubo y revisa tus plantas. Mira debajo de las hojas, entre las plantas y en los tallos. Ve retirando las babosas que veas y poniéndolas en el cubo. Puedes aplastar las babosas o, cuando hayas recolectado tantas como puedas, llenar el balde de agua, taparlo y déjalo una semana. Luego puedes vaciar el contenido en tu compostador. Una incursión con linterna es uno de los métodos más eficaces para reducir la población local de babosas, y notarás un gran descenso en su número si sales a recolectar tres noches seguidas.

TRAMPA DE CARTÓN

Lo mejor de esta sencilla trampa es su porcentaje de éxito. Por la tarde, coloca cartones en el suelo alrededor de tu zona de cultivo. Vuelve temprano a la mañana siguiente, dales la vuelta a los cartones y después recoge y destruye las babosas que encuentres pegadas. Esto funciona especialmente bien después de la lluvia, pues a las babosas les gusta el suelo mojado. No pongas los cartones si no vas a pasar por tu huerto en unos días, porque estarás creando un refugio para las babosas justo al lado de tus plantas.

SI LAS MEDIDAS PREVENTIVAS NO BASTAN, TOMO MEDIDAS DIRECTAS SI ES NECESARIO.

1

2

PUB DE BABOSAS

Esta sencilla trampa hace un buen uso de la cerveza sobrante (o rancia), pues parece que a las babosas les encanta. Pídesela a amigos y familiares, o quizá encuentres una lata caducada en el fondo de tu alacena. Un pub de babosas se monta muy rápido: puedes hacer uno y desactivarlo esa misma noche. Úsalo solo cuando estés sufriendo daños graves y no tengas tiempo para usar el método de la linterna y el cubo o la trampa de cartón.

1. Hunde en el suelo un frasco de vidrio limpio o un recipiente grande para yogur enjuagado, con el borde unos 3 cm por encima de la superficie para no atrapar ningún escarabajo. Colócalo a unos 30 cm de distancia de cualquier planta joven que muestre signos de daño por babosas.

2. Vierte suficiente cerveza en el frasco hasta llenar las tres cuartas partes.

3. En caso de lluvia, añade un pequeño techo de madera o cartón sostenido por cuatro palos clavados en la tierra alrededor del frasco. Luego deja la trampa toda la noche.

4. A la mañana siguiente, retira el tejado, comprueba si hay babosas ahogadas en el líquido, sácalas y tíralas.

3

4

IDEA

No coloques un pub para babosas si no hay señales de daño en tus plantas, o atraerás a las babosas directamente a tus hortalizas.

PLAGAS COMUNES

Los cultivos que elijas serán irresistibles para distintos visitantes hambrientos, desde pájaros hasta orugas, pero estas medidas gratuitas o de bajo coste son muy efectivas para disuadirlos.

a. Aves

Me gusta compartir mis frutos rojos con los pájaros (que comen insectos que causan plagas), pero no todos. Cosecha la fruta, especialmente las bayas rojas, las favoritas de los mirlos, tan pronto como esté madura. Los gorriones también picotean las hojas de acelga. Haz espantapájaros caseros de CD o DVD viejos. Enhebra 7-8 en una cuerda y átalos en lo alto, donde se muevan libremente en un lugar soleado y expuesto. Cuando sopla el viento, la luz reflejada por los discos rebota y perturba a los pájaros. También puedes atar tiras de papel de aluminio a un palo alto para crear el mismo efecto y moverlo por el jardín cada pocos días.

b. Pulgones (pulgón verde y negro de las habas)

Al alimentarse de la savia de las plantas jóvenes y de sus brotes frescos, estas plagas pueden reducir el vigor y las cosechas. Quítalos con la mano y corta las hojas o puntas de los tallos muy infectados.

c. Conejos

Estos animales pueden diezmar las hortalizas en las parcelas rurales. Un perro es posiblemente lo más disuasorio. Si esa no es una opción, asegúrate de que las cercas o paredes perimetrales están bien y sin espacios pequeños del tamaño de un conejo. Reduce siempre la cobertura alrededor de tu área de cultivo quitando montones de material y manteniendo el césped bajo. Las trampas vivas también van bien y a menudo se pueden pedir prestadas; pregunta en internet o en tu club de horticultura local.

d. Mosca de la col

Protege las brásicas jóvenes de estos gusanos con «collares» de cartón de 10 cm de ancho. Haz un agujero central para el tallo y un corte desde el centro hasta el borde exterior, luego ajústalo alrededor de la base.

e. Blancas de la col

Los huevos de la blanquita de la col se convierten en orugas de color verde pálido; la blanca de la col, más grande, da orugas negras, amarillas y verdes. Ambas pueden causar estragos en tus brásicas. Tan pronto como las veas, revisa las hojas en busca de huevos y orugas, y aplástalas.

f. Mosca de la zanahoria

Las puntas de las zanahorias que se vuelven amarillas prematuramente indican que las larvas de esta mosca se comen las raíces. Cubre con una malla fina (o una sábana vieja) a unos 60 cm sobre el suelo para evitar que las moscas pongan huevos. Hay variedades de zanahorias resistentes. Plantar zanahorias mezcladas entre otros cultivos como lechuga, espinacas y remolacha también reduce el daño potencial.

g. Alticinos

Pequeños agujeros redondos en las hojas, sobre todo en la rúcula y el nabo, son el signo de estos pequeños escarabajos. Las hojas de rúcula no tendrán un aspecto atractivo, pero siguen siendo comestibles, y aunque mis nabos nunca han estado completamente libres de alticinos, las cosechas son fantásticas. El riego regular ayuda a controlar el número de escarabajos.

h. Minadores de hojas

Yo tolero los agujeros de estas larvas excavadoras en las hojas de acelgas, remolachas y lechugas, pero siempre puedes quitar las hojas muy afectadas.

i. Polilla del guisante

No sabrás que esta plaga ha atacado hasta que veas sus orugas dentro de las vainas de guisantes. Siembra a principios de verano, antes de la etapa de puesta, y cosecha más tarde, o cultiva tirabeques en su lugar.

ENFERMEDADES COMUNES

Pequeños organismos en el aire y en el agua de lluvia pueden infectar el suelo y debilitar los cultivos. El primer paso es identificar el problema y luego seguir los consejos que doy a continuación para mantenerlo todo bajo control.

a. Tizón (temprano y tardío)

El hongo del tizón temprano ataca en veranos cálidos y húmedos, y los síntomas son manchas marrones en las hojas de patatas y tomates. Suele infectar primero hojas inferiores y luego avanza hacia arriba. Corta y quema el follaje afectado. Yo tiendo a quitar todas las hojas de tomate por debajo del primer racimo de frutos porque esas hojas son más vulnerables. El clima húmedo después del pleno verano hace que el tizón tardío afecte a las patatas (y a veces a los tomates). Su propagación es más rápida que la del tizón temprano, y los tallos y hojas infectados quedan marrones y se pudren. Actúa rápido quitando todas las hojas y luego cosecha los tubérculos. Cultiva patatas en un lugar diferente al año siguiente para evitar recurrencias.

b. Podredumbre apical

Suele afectar a los tomates, pero también a los pimientos y los calabacines. El síntoma principal es un feo círculo negro en la base del fruto. La causa suele ser el riego errático, así que mantén un régimen de riego estricto. Yo recomiendo regar profundamente las plantas de tomate cada 2 días con tiempo soleado y caluroso, cada 3 días con tiempo nublado y 2-3 días después de la lluvia (a menos que haga mucho calor).

c. Hernia de la col

Las raíces de brásica afectadas por esta enfermedad fúngica se deforman y se debilitan, lo que resulta en un crecimiento débil y en malas cosechas. Si esto ocurre, rota los cultivos (ver pp. 168-169) y no aceptes

a

b

c

plantas de brásicas cultivadas en parcelas que también hayan sido infectadas por la enfermedad. Si sabes que el suelo está infectado, puedes reducir los efectos de la hernia de la col sembrando las semillas en macetas llenas de compost casero y trasplantarlas solo cuando las plántulas sean lo más grandes posible.

d. Marchitamiento fúngico

Afecta a plántulas jóvenes, que se marchitan aunque estén bien regadas y mueren. Puedes evitarlo no regando nunca en exceso ni poniendo muy juntas las plántulas jóvenes. Deja espacio suficiente entre ellas para que circule el aire. Más información en la p. 120.

e. Mildiu (polvoriento y velloso)

Unas manchas blancas y polvorientas en las hojas (*ver imagen*) indican esta enfermedad, que suele ocurrir al final de la temporada de crecimiento y prospera en condiciones secas. Tiende a afectar a las calabazas, así que riégalas con regularidad y quita y quema las hojas infectadas para frenar la propagación.

El mildiu velloso, menos común que el polvoriento, ataca en climas húmedos y es más probable que afecte al follaje de las brásicas, el ruibarbo y la lechuga. Las manchas en las hojas van desde marrón a verde pálido, y las hojas infectadas deben eliminarse lo

antes posible. Evita regar en exceso, trata de no salpicar agua sobre las hojas de cultivos susceptibles y revisa el follaje con regularidad.

f. Roya

Las plantas del género *Allium* pueden sufrir esta enfermedad, que es una de las más fáciles de reconocer. Los tallos de puerro afectados, por ejemplo, quedan cubiertos de pequeñas manchas anaranjadas que parecen óxido en un trozo de metal. La enfermedad reduce el vigor de la planta aunque no la mata, así que elimina las hojas infectadas lo antes posible para detener la propagación y mantener las plantas productivas.

g. Sarna de la patata

Este hongo, que es principalmente una enfermedad de la patata, también puede infectar las chirivías y la remolacha, especialmente en veranos calurosos con escasas precipitaciones. No sabrás que la tienen hasta que recojas parte de la cosecha y veas manchas marrones ásperas. Reduce el riesgo regando regularmente cuando los tubérculos y las raíces se estén desarrollando. En periodos muy secos, riega las patatas temprano por la mañana y luego cubre con cartón para evitar que la humedad se evapore.

d  e  f  g

ROTACIÓN DE CULTIVOS

Cultivar los mismos cultivos en las mismas posiciones año tras año puede alentar a las plagas a atacar tus plantas y a que las enfermedades se acumulen en el suelo. Evita problemas graves y fomenta el crecimiento saludable del suelo y las plantas rotando grupos de hortalizas con requisitos similares.

Si eres nuevo en el cultivo de alimentos y has creado bancales desde cero, adquiere el hábito de rotar tus cultivos para mantener la salud del suelo y disuadir a las plagas. La clave para la rotación de cultivos es dividir el área de cultivo y plantar juntos vegetales que disfruten de condiciones similares y sufran plagas similares, como las brásicas. Al año siguiente, cultiva brásicas en un área donde antes plantaste otro grupo, por ejemplo, legumbres. De esta manera, mover las brásicas a una nueva posición no solo confunde a las plagas que las atacan sino que también permite que estas plantas aprovechen el suelo rico en nitrógeno que dejan las raíces de las legumbres.

PLAN DE 3 AÑOS

Sugiero comenzar con un plan de rotación de cultivos muy simple que divida las hortalizas en las siguientes 3 secciones de cultivo que rotan a lo largo de 3 años:

Sección 1 raíces y patatas
Sección 2 brásicas y hojas de ensalada
Sección 3 legumbres, *Allium* y calabazas

En este plan de rotación, cada uno de los 3 grupos de hortalizas pasa a una sección diferente cada año durante 3 años. En el cuarto año, los cultivos vuelven a sus posiciones originales. El diagrama (*derecha*) muestra los cultivos que crecen en diferentes bancales, pero puedes simplemente dividir tu espacio de cultivo en 3 secciones y seguir exactamente el mismo plan.

PRIMER AÑO

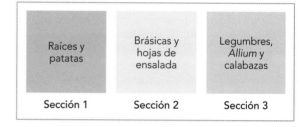

SEGUNDO AÑO

TERCER AÑO

REDUCIR LA ROTACIÓN

Cuando lleves 2 o 3 años cultivando tus propios alimentos, puedes reducir la rotación de ciertos cultivos que sufren menos plagas y enfermedades que otros, como lechuga (y hojas de ensalada), judías verdes y calabazas. Cultivar estas hortalizas en la misma posición puede ahorrar tiempo, y saber que ocuparán un espacio designado te permitirá planificar otros cultivos a su alrededor. No tener que rotar las alubias, por ejemplo, significa que si construiste una estructura resistente para ellas, puedes mantenerla en su lugar durante el invierno y reutilizarla al año siguiente.

Al tercer año de cultivar tus propios alimentos, deberías tener un suministro constante de compost casero (ver p. 62), así como un suelo muy saludable.

En este punto, tienes la opción de rotar menos otras hortalizas, pero solo si no has tenido problemas graves con el cultivo, como la mosca de la zanahoria o el mildiu de la patata en un verano húmedo. Si alguno de estos problemas se ha afianzado, deberás plantar los cultivos afectados en una posición diferente al año siguiente.

LA ROTACIÓN ES UNA PRÁCTICA TRADICIONAL QUE DA BUENOS RESULTADOS SIN LA NECESIDAD DE EMPLEAR PRODUCTOS QUÍMICOS.

ATRAER INSECTOS BENEFICIOSOS

Me gusta permitir que algunas hortalizas anuales den flores para que su polen atraiga insectos beneficiosos al huerto. El hinojo de Florencia (*abajo*), una planta que no he incluido en este libro pero que ciertamente podrás explorar más adelante para cultivarla, tiene unas flores preciosas que atraerán a los polinizadores, mientras que las flores de puerro son muy populares entre los abejorros y tienen un aspecto fantástico. Cuando los insectos beneficiosos visiten tu área de cultivo, buscarán otros cultivos, como los calabacines, que producen flores masculinas y femeninas separadas. Al visitar ambos tipos de flores, se produce la polinización y las plantas comienzan a dar cosecha.

MIRA AL FUTURO

UNA VEZ QUE HAYAS DESARROLLADO UN
MÉTODO QUE PRODUZCA ALIMENTOS
GRATUITOS CON ÉXITO, PIENSA EN
AMPLIAR TU ACTIVIDAD.

INVERTIR

No necesitas dinero para cultivar una cantidad razonable de alimentos, pero tal vez quieras ampliar tu producción o invertir en algunas herramientas. Vender plantas y productos de cosecha propia es una excelente manera de recaudar lo que necesitas.

En tu primer año de cultivo, puede parecer que avanzas lentamente, pero en cuanto tengas la primera cosecha, habrás completado la parte más difícil. Cultivar con éxito es simplemente una cuestión de aprender las técnicas correctas, saber dónde obtener materiales, tener buenas ideas y actuar en consecuencia.

Además, cuantas más conexiones establezcas con personas de ideas afines, más rápido encajará todo y más agradable será el proceso. Sin embargo, es vital que no te presiones fijándote objetivos poco realistas. A mí me gusta dividir las tareas y los proyectos en partes pequeñas y alcanzables para obtener «triunfos rápidos» y así mantenerme motivado.

Cuando hayas dedicado una cantidad de tiempo razonable a perfeccionar tus habilidades de cultivo, es posible que te sientas tentado a aumentar tu rendimiento y hacerte la vida más fácil comprando equipo, como malla metálica o una pala nueva. Algunos de los siguientes elementos podrían estar en tu lista de deseos:
- semillas de ciertas variedades de hortalizas
- más herramientas
- una carretilla
- regaderas
- un miniinvernadero
- malla metálica: protección adicional para pájaros
- depósito o tanque de agua de tamaño industrial.

ESTABLECE PRIORIDADES
Una buena estrategia es priorizar tres elementos que facilitarán el cultivo de alimentos en el futuro. Cuando hayas establecido tus tres artículos principales, calcula el precio de cada uno, suma el desembolso total y anótalo. Una vez que comiences a recibir ingresos de productos de cosecha propia, regístralos de inmediato para poder realizar un seguimiento de cómo te vas acercando a tu objetivo.

También me gusta reservar una parte de mis ingresos por ventas, que destino a un pequeño fondo de emergencia para semillas de último momento o reparaciones de herramientas. Mientras tanto, es posible que te llame la atención un equipo de segunda mano en buen estado, como una carretilla resistente. No lo dejes pasar: definitivamente valdrá la pena comprarla para reducir costes. A menudo veo que los mejores lugares para buscar son tiendas de segunda mano, donde puedes conseguir fantásticas ofertas en herramientas de alta calidad.

UNA BUENA INVERSIÓN
El agua es vital para el cultivo de alimentos, por lo que yo recomiendo que priorices la compra de un contenedor IBC. Es posible que puedas conseguir uno usado en una website industrial local, y la entrega a tu área de cultivo generalmente no cuesta mucho. Algunos de ellos pueden haber contenido líquidos tóxicos y conservar residuos nocivos, así que asegúrate siempre antes de comprar. Una vez que lo hayas recibido, enjuágalo bien y conéctalo a una bajante.

Un solo contenedor IBC de 1000 litros lleno de agua de lluvia es un recurso maravilloso para cualquier horticultor. Tendrás una gran sensación de seguridad al saber que puedes mantener tus cultivos regados, especialmente en el apogeo de la temporada de crecimiento en los veranos cálidos y secos. El depósito te durará muchos años.

Vende tus productos para financiar la compra de herramientas y equipos. Las carretillas y los depósitos de agua son mis principales prioridades.

Si tienes exceso de un cultivo en particular, como calabaza (*arriba, izquierda*), pon a la venta parte del excedente o utilízalo para trueque. Plántulas de cultivos fáciles, como kale (*arriba*), judías verdes (*izquierda*) o fresas (*arriba, derecha*), también son buenas opciones.

QUÉ VENDER

Al decidir qué vender para recaudar fondos, es útil dividir los productos en dos categorías: de origen vegetal y de cosecha. En los primeros años, te recomiendo encarecidamente que te concentres en la categoría de productos vegetales.

Vender plantas que has cultivado a partir de semillas o propagado a partir de esquejes es más lucrativo que vender tu cosecha, que requiere tiempo y esfuerzo.

PRODUCCIÓN VEGETAL

Lo primero es saber qué plantas tienen más opciones de venderse de entre las que se pueden propagar o cultivar a partir de semillas. Otra cosa importante es cuáles requieren un esfuerzo mínimo. A continuación tienes 5 plantas o grupos que recomiendo priorizar.

Romero

A la gente le encanta el aroma de esta hierba, y cada año se pueden tomar docenas de esquejes de una planta establecida (ver pp. 96-97). Empieza a vender cuando tengan 1 año y ofrece plantas de 2 años por un precio más alto. La hierbaluisa es otra hierba popular. Quien la huele, no puede resistirse a comprarla.

Tomateras

Las semillas de tomate son tan numerosas y fáciles de guardar (ver p. 149) que es probable que termines con muchas más plantas jóvenes de las que necesitas. Una gran estrategia es adelantarte sembrando semillas a finales de invierno. Cuando se hayan convertido en plantas de tomate jóvenes y fuertes, la demanda de estos artículos de alto valor estará en su punto máximo.

Plántulas de brásicas

Estos cultivos no podrían ser más fáciles de sembrar y cultivar, y pueden venderse en tubos de cartón listos para trasplantar. La kale es una brásica excelente para empezar, porque las semillas son fáciles de conseguir y, a menudo, se obtienen cientos en un paquete. También crece bien en contenedores, así que guarda algunas para venderlas a personas que tienen un espacio limitado para germinar semillas.

Fresas

Ya he explicado lo sencillo que es propagar estas plantas (ver pp. 108-109). Sugiero producir entre 40 y 50 plantas al año a partir de estolones. Este número cubrirá las ventas potenciales y te quedará bastante para utilizarlo como recurso de trueque.

Guisantes y alubias

Al igual que las brásicas, estas plantas son fáciles de cultivar en macetas pequeñas o tubos de cartón, y las judías verdes, especialmente, siempre son populares. Guarda suficientes semillas de cultivos locales para tus propias necesidades y algunas sobrantes para cultivarlas y venderlas. De 20 plantas de guisantes logré guardar más de 700 semillas. ¡No es un mal resultado!

PRODUCCIÓN BASADA EN LAS COSECHAS

Cuando se tiene exceso de una hortaliza en particular, siempre recomiendo vender lo sobrante. Si planeas vender tus productos frescos de todos modos, te sugiero plantar estos cultivos altamente productivos. Todos tienen una buena vida útil:

- calabacines y calabazas
- hortalizas de raíz
- ruibarbo
- patatas y alcachofas de Jerusalén
- cebollas, puerros y ajos.

SEMILLAS PROTEGIDAS

Algunas nuevas variedades de semillas están protegidas por certificados de obtención vegetal y su propagación está estrictamente controlada. Evita cualquier problema cultivando variedades tradicionales y no nombrando las variedades en las etiquetas de las plantas.

CÓMO VENDER

Antes de comenzar a vender, necesitarás un lugar para exhibir tus plantas y productos, así como un recipiente para recolectar dinero. Puede que no te salga bien la primera vez, pero pronto encontrarás un sistema que te funcione.

Aunque vender tus propios productos de temporada a pequeña escala no debe considerarse un negocio, te sugiero que te pongas en contacto con tu ayuntamiento para asegurarte de que cumples con la normativa local. Por otra, si tienes mucho éxito, ¡es posible que debas incluir los ingresos en tu declaración de la renta!

PRECIOS Y PAGOS

Decidir cuánto cobrar puede ser difícil. Yo uso dos métodos de fijación de precios muy aceptados por las autoridades locales. Pedirle a la gente que pague lo que considere apropiado genera confianza. La mayoría de las personas valoran mucho los productos frescos de cosecha propia y paga en consecuencia. Si recibes menos por tus productos de lo que crees que valen, indica una «donación sugerida» para cada artículo.

Lo más sencillo es utilizar un sistema de caja de honestidad: una caja con tapa junto a los productos en el que la gente deposita su pago. No todo el mundo es honesto (lo sé por experiencia), pero puedes reducir pérdidas revisando tu dinero diariamente y guardando dentro tus productos durante la noche.

Quizá también quieras vender plantas. Eso no solo genera más ingresos que vender productos, sino que es menos probable que la gente se las lleve sin pagar. Es posible que roben tomates frescos de tu puesto, pero las plántulas de alubias solo serán interesantes para quienes se tomen el tiempo de cuidarlas.

MOSTRAR TUS PRODUCTOS

Recomiendo montar un pequeño puesto o caja de productos con madera recuperada, con un saliente para proteger las plantas de la lluvia. También puedes colocar los productos agrícolas en una caja resistente a la intemperie con tapa. Las plantas no tienen que estar escondidas, pero tendrán peor aspecto si están empapadas de una lluvia intensa.

Estas son las prioridades a la hora de vender desde tu puesto:
- Muestra siempre productos recién cosechados y reemplaza cualquier producto de vida útil corta, como las hojas de ensalada, después de 2 días.
- Quita la tierra de tus hortalizas con un cepillo, pero no las laves, para así mantener su frescura.
- Vende solo plantas bien sanas y sin defectos visibles.

ANÓTALO TODO

Esto suena obvio, pero anota siempre todo lo que vendes. Es información valiosa que no solo indica lo que es popular en tu área particular, sino que también te permitirá adaptar lo que cultivas y propagas para satisfacer la demanda local. Hacer un seguimiento de los ingresos también te dará una idea de cuánto has recaudado para futuros proyectos o herramientas. Yo prefiero guardar los fondos que recaudo en un frasco de vidrio para acceder a ellos fácilmente.

CAJA DE VERDURAS DE TEMPORADA

Con suficiente espacio de cultivo y unos 3 años de experiencia, ¿por qué no considerar un sistema de cajas de verduras a pequeña escala? Invita a familiares, vecinos y amigos a invertir en una entrega semanal o quincenal de una caja de verduras de temporada a un precio fijo. Empieza por abastecer durante el verano y el otoño, cuando deberías tener abundantes productos. Tus ingresos serán consistentes, ¡lo que no siempre es el caso con las cajas de honestidad!

Yo vendo tanto productos como plantas, y uso un sistema de caja de honestidad para cobrar.

IDEA

Tómate siempre tu tiempo para adecentar tu puesto. Es más probable que la gente se pare y compre verduras limpias, recién cosechadas y dispuestas de forma atractiva.

EL PRIMER INTERCAMBIO ES SIEMPRE EL MÁS DIFÍCIL (COMO EL PRIMER AÑO DE UN HUERTO), PERO EL SEGUNDO SERÁ MUCHO MÁS FÁCIL.

Asegúrate de que tu puesto siempre contiene una selección de tus propios productos en el intercambio de semillas o plantas. Por ejemplo, cultiva tus propias plantas de fresa y tomate (*arriba*) y ofrece semillas de alubia que hayas guardado (*izquierda*).

ORGANIZAR UN INTERCAMBIO DE SEMILLAS Y PLANTAS

Si no encuentras un intercambio local de semillas o plantas, la solución es crear tú uno. Seguramente será un éxito, porque a los horticultores siempre les sobran semillas y plantas y no pueden resistirse a conseguir más.

Un intercambio de semillas o plantas es la ocasión ideal para librarte del exceso de semillas o plantas de tu huerto, y una gran oportunidad para conocer a otros productores y personas de ideas afines. La mejor época para un intercambio de semillas es a principios de primavera, cuando todos piensan en sembrar pero aún no se han puesto a ello. Comienza tus preparativos justo después del nuevo año. Los intercambios de plantas tienen más éxito entre mediados y finales de primavera. Sigue estos pasos para hacerlo.

1. Contacta con productores locales
La colaboración es la clave del éxito. Comunícate con los clubes de horticultura o huertos locales para saber si alguien está interesado en ayudarte a organizar el intercambio. Intenta formar un grupo de tres personas: muchas manos facilitan el trabajo.

2. Busca un lugar
Un buen lugar es un centro cívico, el ayuntamiento o un huerto con un espacio grande. Muchos aceptarán una donación a cambio de organizar el evento y siempre puedes realizar un sorteo para recaudar fondos. Es vital que haya un buen acceso al lugar, así como un estacionamiento cerca.

3. Busca donaciones de semillas y plantas
Contactar con horticultores, centros de horticultura y proveedores de semillas locales a menudo da buenos resultados. La mayoría de los horticultores estarán felices de intercambiar semillas, y algunos proveedores donarán existencias que ya no pueden vender. Los centros de horticultura locales también pueden ofrecer semillas de la temporada anterior aún viables, e incluso pueden considerar organizar el intercambio.

4. Invita a conferenciantes
Convierte el intercambio en un pequeño evento invitando a algunas personas a dar charlas breves de 10 minutos o pide a un apasionado experto local que se siente en una «mesa de ayuda» para resolver dudas sobre horticultura. Siempre puedes mostrar tu agradecimiento después del evento con un pequeño obsequio, como una botella de vino.

5. Que corra la voz
Para maximizar la asistencia, elige una fecha y hora en un fin de semana, como un sábado por la mañana, y anuncia el intercambio al menos con 6 semanas de anticipación. Enviar correos electrónicos a grupos de horticultura locales, imprimir carteles y publicar en grupos de redes sociales locales son estrategias de marketing eficaces. Incluso podrías intentar pedirle a una emisora de radio local que promocione el intercambio o te entreviste al respecto.

6. ¡El gran día!
Coloca tipos similares de semillas en cajas separadas para clasificarlas fácilmente y exhíbelas en las mesas. Recuerda incluir una caja de donaciones para que las personas que no tengan semillas para intercambiar puedan participar. Al menos dos miembros de tu equipo deben estar presentes para ayudar a clasificar las semillas donadas ese día y resolver dudas. Por último, muestra respeto dejando el lugar impecable.

7. Impresiones
Cuando todo esté ya despejado, siéntate con tu equipo para una sesión de impresiones de 5-10 minutos. Identifica qué salió bien y qué no, para que el evento del próximo año sea un éxito aún mayor.

CUÁNDO AMPLIAR
TU ÁREA DE CULTIVO

Cultivar tus alimentos es una experiencia fantástica que mejorará tus habilidades
y te dará confianza. Cuando tu huerto funcione bien y tus cultivos den buenos
rendimientos, puede que sientas que es hora de ampliar tu actividad.

Las parcelas pequeñas y bien planificadas pueden ser sorprendentemente productivas y proporcionar cosechas muy abundantes. Sin embargo, adquirir espacio adicional te brinda la oportunidad de ser más aventurero con la elección de cultivos, así como de iniciar nuevos proyectos.

Armado con mucha experiencia práctica y con el conocimiento para abordar problemas potenciales, la perspectiva de otro lienzo en blanco puede ser emocionante. Pero una advertencia: antes de abordar una área nueva, pregúntate lo siguiente:

- ¿Tienes tiempo libre?
- ¿Has maximizado la productividad con la siembra sucesiva? (ver p. 42).
- ¿Has normalizado tu producción de compost?
- ¿Tienes bastantes herramientas y almacenamiento de agua?
- ¿Llevas tiempo pensando en tener más espacio?

EVALUAR UNA NUEVA PARCELA

Si puedes responder con confianza «sí» a todas las preguntas de la lista, es hora de ampliar tu huerto (construyendo nuevos bancales elevados, por ejemplo) o de encontrar otro lugar para cultivar. Ten siempre en cuenta el acrónimo TAOSA (ver p. 14) cada vez que evalúes un nuevo espacio de cultivo. Su proximidad al lugar donde cultivas es particularmente importante, porque quizá necesites transportar un par de carretillas de compost y mover herramientas entre lugares. Si tienes intención de cultivar en el espacio de otra persona, invítala a ver tu huerto actual para asegurarle que no habrá problemas de malezas.

CULTIVAR EN DOS LUGARES

Tu propio huerto (o el espacio más cercano a tu casa) es el mejor lugar para cultivos de crecimiento rápido que necesitan una cosecha regular, como las hojas de ensalada, kale y tubérculos. Una ubicación adicional será ideal para aquellos cultivos que requieren menos mantenimiento, como puerros, alubias y cualquier planta perenne. El compost y el agua son pesados de transportar, así que prioriza la creación de uno o más compostadores y aumenta el almacenamiento de agua. En el primer año, comienza a llenar tus compostadores de inmediato y planta cultivos perennes propagados a partir de tus propias plantas. Recomiendo esperar hasta el segundo año para empezar a cultivar plantas anuales.

Cultivar alimentos implica dar muchos pequeños pasos que muy rápidamente se traducen en rendimientos sustanciales. Si has recaudado algunos fondos y has obtenido acceso a la nueva ubicación, ¿por qué no hacer que te envíen compost a granel? Eso será una ventaja, y el precio suele ser asequible.

HAZ MÁS COMPOST

Te recomiendo posponer la búsqueda de una nueva área para cultivar hasta que tengas un suministro de compost que funcione bien. Crear compostadores adicionales es un uso eficiente de tu tiempo y espacio actual, porque resultará en una productividad mayor. Recicla palés (ver pp. 60-61) para hacer uno o más compostadores de forma gratuita. Utiliza recursos locales para llenarlos y considera proporcionar a los vecinos contenedores (con tapa) para que los llenen con desechos de la cocina y el jardín.

En áreas pequeñas y eficientemente organizadas, normalmente no hay margen para el cambio. Otra área de cultivo te dará capacidad adicional y más flexibilidad.

UN PLAN DE 3 AÑOS

Este sencillo plan establece las etapas clave para el cultivo de alimentos. Ve paso a paso, disfruta aprendiendo nuevas habilidades y siente cómo crece tu confianza tras cada cosecha con éxito.

De ti depende lo estrechamente que quieras seguir el plan de 3 años, pero está pensado como una lista de verificación útil para maximizar las oportunidades y minimizar los problemas futuros. La he hecho breve y simple, con referencias a páginas que te llevarán directamente a la información relevante.

PASOS FÁCILES PARA TENER ÉXITO

El primer año de cultivo requiere un mayor esfuerzo, pero las recompensas son enormes. Recuerda comenzar dando pequeños pasos y divide siempre las tareas complejas en secciones manejables. Recomiendo firmemente esta estrategia: es mucho más motivador tachar de la lista muchos trabajos pequeños que uno grande.

Al final de tu tercer año, tendrás una gran cantidad de experiencia sobre cultivo y una configuración eficiente. También creo que tendrás la confianza necesaria para cultivar sin necesidad de mirar un paquete de semillas (¡o ni siquiera este libro!). Por pequeña que sea tu parcela, producirás cosechas abundantes y saludables, y probablemente antes de lo que imaginas. En las páginas siguientes, te muestro un diario detallado de mi propio año de cultivo.

AÑO 1

1. Encuentra un espacio de cultivo adecuado (pp. 14-15).

2. Consigue toda la información que puedas sobre el clima local y permanece atento a las previsiones meteorológicas (pp. 24-27).

3. Construye un compostador, obtén materiales y llénalo cuanto antes (pp. 60-61 y 64-67).

4. Consigue esquejes de hierbas perennes y cultívalos para después propagarlas y hacer trueque (pp. 96-97).

5. Recoge contenedores para cultivar (pp. 30-33).

6. Construye un bancal elevado y llénalo (pp. 36-39, arriba).

7. Prepara fertilizante casero de ortigas para estimular los cultivos y obtén plantas de consuelda (pp. 72-74).

8. Cultiva alubias y otros productos básicos de cocina y visita un intercambio de semillas local (pp. 80-84).

9. Establece un sistema de almacenamiento de agua (pp. 22-23).

10. Elige tres cultivos de hortalizas de los que puedas guardar semillas (pp. 81-82 y 129).

11. A partir de verano, consigue plantas perennes mediante intercambios o trueque (p. 87).

AÑO 2

1. Utiliza tu primer lote de compost casero como mantillo y agrega una capa de 3 cm a los bancales y contenedores a principios de año.

2. Rota tus cultivos anuales (pp. 168-169).

3. Si tienes espacio, construye otro compostador (o dos) para tener suficiente (pp. 60-61).

4. Construye más bancales elevados y llénalos por etapas, utilizando los métodos sugeridos (pp. 38-39).

5. Lleva las semillas guardadas a un intercambio de semillas (*arriba*); siembra otras para que se conviertan en plántulas e intercámbialas (pp. 84-87).

6. Intercambia o vende algunas hierbas perennes que has cultivado a partir de esquejes (pp. 96-97).

7. Considera aumentar tu capacidad de almacenamiento de agua (p. 172).

8. Empieza a vender plantas y producir para recaudar fondos (pp. 172-177).

9. Guarda semillas del mayor número de plantas (p. 128).

10. Cultiva los cultivos perennes que adquiriste el año anterior (pp. 88-115).

11. Cubre los bancales y contenedores con 3-5 cm de compost casero al final del año (p. 54).

AÑO 3

1. Si tienes espacio, crea bancales directamente en el suelo para maximizar la producción (pp. 40-41).

2. Propaga a partir de las hierbas perennes que cultivaste a partir de esquejes para así mantener el suministro para trueque y venta (pp. 96-97).

3. Ahora que has establecido una distribución eficiente, considera buscar espacio de cultivo adicional hacia fin de año (pp. 18-19 y pp. 180-181).

4. Cuida los cultivos perennes maduros, como las fresas y las grosellas, para que mantengan buenos rendimientos.

5. Propaga fresas a partir de vástagos acodados y déjalas crecer para venderlas o intercambiarlas (pp. 108-109, arriba).

6. Empieza a escribir un diario para llevar un seguimiento de éxitos y problemas. Léelo antes de cada temporada de cultivo y aprende de esas experiencias (pp. 186-215).

7. Continúa cubriendo tus contenedores y bancales elevados con unos 5 cm de compost cada otoño (p. 54).

EL DIARIO DE HUW

RESUMEN DE MI AÑO DE CULTIVO

Considera este diario como una pauta orientativa y adapta siempre mis indicaciones al entorno en el que te encuentres. Yo vivo en Gales, por lo que la mención a los meses en los que hago cada cosa corresponden a las estaciones del hemisferio norte y el clima puede ser más frío o lluvioso que el que tengas tú.

MARZO

**Los intercambios de semillas son un recurso
fantástico** para los jardineros que busquen
ahorrar; solo tuve que ofrecer ayuda y recibí
una gran colección de semillas.

PRIMERA SEMANA

Esta semana marca el comienzo de mi aventura de
cultivar alimentos gratis. Como no soy partidario de
iniciar un proyecto sin un plan de acción, he pasado
unos días recopilando pensamientos y prioridades.
He llegado a la conclusión de que el compost, las
semillas y los contenedores son las tres áreas clave.

El lunes comencé a recolectar materiales para
compost a pesar de que aún no tengo compostador;
los he apilado en un rincón para cuando consiga la
madera. Es esencial que cuando construya el
compostador pueda llenarlo lo antes posible, para
tener compost este invierno y la próxima primavera.

Pensando en las semillas, revisé la alacena de la
cocina y encontré unos guisantes secos. Puede que
tengan un par de años, así que en lugar de perder el
tiempo con una siembra fallida, usaré la prueba de
germinación para ver si son viables.

Para los contenedores, recojo todo lo que pueda
usar como maceta y lo guardo en una caja de cartón
grande. De momento hay algunas latas y rollos de
cartón, pero pronto añadiré envases de yogur.

PUEDES COMENZAR A RECOGER
MATERIALES PARA EL COMPOST
INCLUSO ANTES DE TENER UN
COMPOSTADOR. APÍLALOS EN
UNA ESQUINA HASTA QUE EL
COMPOSTADOR ESTÉ LISTO.

SEGUNDA SEMANA

Allí donde voy, siempre estoy atento a artículos
desechados, y he conseguido algunos neumáticos
viejos y bolsas de basura vacías de un par de vecinos.
Pero realmente me llevé el premio gordo en el club de
tenis local, donde encontré tres palés. Resultó que
estaban destinados al vertedero, y el conserje se
alegró de que me los llevara. Los desmonté y me
quedó suficiente madera no solo para construir el
compostador, sino también para un bancal elevado.

Tenía muchas ganas de asistir a un intercambio de
semillas local el fin de semana y me sorprendió lo
abiertos que estaban los organizadores a que yo
actuara como un par de manos extra a cambio de
algunas semillas. El resultado fue un paquete de
semillas de rábano, lechuga, kale, puerro y nabo. Las
últimas tres son fantásticas hortalizas de invierno y se
pueden sembrar y luego plantar una vez que haya
instalado uno o dos bancales elevados.

También he llegado a un acuerdo estupendo con un
par de vecinos, lo que significa que pueden prestarme
sus herramientas de jardín cuando las necesite. A cambio,
tienen acceso a mi equipo cuando lo deseen.

Prefiero cultivar en bancales elevados.
Este es uno que construí con madera
recuperada de palés que encontré en
mi club de tenis local.

TERCERA SEMANA

Tomando un café en casa de mis vecinos, vi que iban a tirar unas patatas que habían germinado. No podía dejar que se desperdiciaran, así que pregunté si me las podía quedar. Al ver su extrañeza, les expliqué que las usaría como patatas de siembra para producir una cosecha. Esto despertó su interés, así que ahora tengo una fuente adicional de materiales de compost, ya que se ofrecieron a ayudarme dándome sus restos de verduras y recortes de césped.

La prueba de germinación de las semillas de guisantes fue bastante bien. Un tercio de las semillas eran viables y germinaron, lo cual es una buena noticia. Mi plan es sembrar los guisantes, y guardar algunos como semilla este otoño. Eso me dará muchos guisantes y brotes para cosechar el próximo año. Por ahora, guardo las semillas en un frasco de vidrio hasta que tenga un lugar donde plantarlas.

Ahora que ha llegado la primavera, mi prioridad es plantar mis cultivos perennes en el suelo cuanto antes. El viernes me uní a un grupo local de horticultura en las redes sociales y publiqué una solicitud para obtener esquejes o plantas perennes comestibles de repuesto. La respuesta ha sido fenomenal.

CUARTA SEMANA

De la publicación de solicitud en las redes sociales, logré obtener lo siguiente:
- 10 estolones de fresa
- 3 pequeñas plantas herbáceas (romero, menta y salvia)
- 1 docena de esquejes de grosella espinosa
- 6 tubérculos de alcachofa de Jerusalén
- 1 rizoma de ruibarbo.

La comunidad de horticultores brinda un gran apoyo, especialmente a las personas que acaban de comenzar su viaje. El único inconveniente es ir a los puntos de recogida, pero sé que el primer año siempre se requiere la mayor inversión de tiempo por adelantado. El rizoma de ruibarbo venía en una maceta grande. Después de plantarlo en el jardín con algunos restos de verduras en el fondo del hoyo, llené la maceta con un poco de tierra (sacada del huerto) y coloqué cinco de los esquejes de grosella espinosa para que enraizaran.

El jardinero que me dio los estolones de fresa y el rizoma de ruibarbo me preguntó si estaba interesado en otras cosas. Le dije que aceptaría cualquier semilla sobrante que no pudiera sembrar, por muy viejos que fueran los paquetes... ¡y resulta que recibiré una entrega de semillas a principios de abril!

Los estolones de fresa los he enterrado en el césped de momento. Hacer esto es una manera fácil de mantener vivas las plantas de raíz desnuda cuando aún no tienes la oportunidad de plantarlas, porque evita que las raíces se sequen. Simplemente haz un corte en el césped, retíralo, mete los estolones y cubre las raíces.

Las patatas son fáciles de conseguir de forma gratuita, solo tienes que ver si alguien tiene alguna patata vieja en la alacena. ¡No es necesario que estén tan germinadas como estas, claro!

ABRIL

Los posos de café se pueden utilizar como mantillo para mejorar los nutrientes del suelo cuando hay escasez de compost. Si tienes una máquina de café tendrás un suministro razonable, pero puedes preguntar en alguna cafetería local si necesitas más.

PRIMERA SEMANA

Pronto llenaré del todo el primer compostador y, ahora que el césped está empezando a crecer, me resulta mucho más fácil conseguir los recortes. También convencí a un par de vecinos para que me guardaran sus restos de verduras. Lo que me retrasa es el bancal elevado vacío, pero recibí una entrega emocionante el fin de semana. A principios de marzo, contacté con un par de arboricultores locales y les propuse que si alguna vez tenían astillas de madera de sobra yo me las podía quedar; ahora soy el propietario de una gran pila de astillas de madera, que es el material perfecto para el método que planeo utilizar para llenar mi primer bancal elevado.

¡Llegaron las semillas y estoy impresionado con el contenido! Muchas todavía están dentro de la fecha de vencimiento, lo que significa que la próxima primavera tendré bastante trabajo. La falta de compost es un problema, pero la próxima semana haré fertilizante líquido para mantener las plantas sanas a corto plazo. Siempre que voy al pueblo más cercano, llevo un contenedor para recoger los posos de café usados de las cafeterías. Planeo esparcir 1 cm sobre el bancal elevado como mantillo para que añada nutrientes adicionales.

SEGUNDA SEMANA

Tras llenar el bancal elevado y cubrirlo con los posos de café, guardé un poco de tierra para sembrar los guisantes secos, entre 3 y 4 por maceta. Encontré un par de recipientes de helado vacíos en la alacena y puse en ellos las macetas de guisantes. También sembré semillas de lechuga bien juntas en otro recipiente (¡con agujeros, claro!), lleno hasta la mitad con tierra mezclada con posos de café. Estas semillas están ahora en el alféizar de una ventana soleada y tengo que acordarme de regarlas. Un par de hojas de periódico sobre las macetas es una excelente manera de reducir la evaporación, y haré compost con los periódicos una vez que aparezcan las plántulas.

He forrado dos neumáticos grandes con bolsas de compost viejas que he agujereado para plantar los estolones de fresas cuanto antes. Las fresas no requieren un suelo rico, y simplemente crecen en la capa superior del suelo. Estas ya parecen asentadas en su nuevo hogar. Espero propagar algunos estolones también a finales del verano, ¡siempre que las plantas se mantengan felices!

NO DESECHES LAS SEMILLAS CADUCADAS, SIMPLEMENTE SIÉMBRALAS MÁS JUNTAS PARA COMPENSAR SU REDUCIDA TASA DE GERMINACIÓN.

Las cajas de huevos de cartón son perfectas para las plántulas: tienen el tamaño ideal y pueden trasplantarse al suelo directamente con las plántulas.

TERCERA SEMANA

¡El compostador ya se está llenando! En previsión, he montado un segundo compostador. Me sorprende lo fácil que es conseguir materiales. Una sonrisa y una simple explicación de lo que planeas hacer son de gran ayuda. El mejor descubrimiento de esta semana fue que la hija de un vecino tiene un par de conejillos de indias y un cubo para darme todo el lecho usado. Esto es muy emocionante porque el estiércol de cobaya se puede utilizar inmediatamente en el jardín y ahora tengo una fuente fiable de material extra.

Como no esperaba la llegada del estiércol de cobaya, ya tenía en un cubo en el cobertizo un lote de fertilizante líquido hecho con mitad de recortes de hierba y mitad de ortigas. Olvidé poner primero el material verde en un paño viejo, pero eso no es un problema ya que puedo colar los sólidos que hay en el líquido en un par de semanas.

CUARTA SEMANA

Los guisantes crecen bien, pero necesitarán otra semana antes de trasplantarlos. Sin embargo, a las plántulas de lechuga aún les falta, así que las he colocado en cajas de huevos y en macetas de periódico para que crezcan durante un par de semanas más antes de trasplantarlas al exterior.

Decidí poner periódicos alrededor del área de cultivo y cubrir con astillas de madera para hacer un camino en lugar de ir resbalando por el césped. Después monté un segundo bancal elevado con unos troncos grandes que tenía al fondo del jardín y me encanta el aspecto rústico que tiene. Como este bancal es más bajo que el de palés, planeo dedicarlo a lechugas y hojas de ensalada, que no requieren mucha profundidad de tierra.

La semana terminó con una razón para celebrar: ¡el primer compostador está lleno! Mezclé bien el contenido y cubrí la parte superior con un poco de cartón para acordarme de que no debía agregar más material. Para acelerar el proceso de descomposición, le daré la vuelta una vez al mes porque realmente quiero compost para un intenso otoño de siembra, propagación y preparación. Tal como van las cosas, el segundo compostador podría incluso darme compost extra utilizable para la próxima primavera.

Darle la vuelta a tu compost una vez al mes acelerará el proceso de descomposición; yo espero que mi primer lote esté listo para otoño.

MAYO

PRIMERA SEMANA

Esta semana los guisantes ya están en su nuevo hogar: ¡el primer bancal elevado! Estaba ansioso por poner algo allí y recordé plantar los guisantes en el lado norte, para que no dieran sombra al resto. Utilicé algunas ramitas que encontré para que sirvieran de apoyo inicial para empezar a crecer. ¡Será interesante ver lo altos que crecen, porque no tengo idea de qué variedad son!

Colé el fertilizante líquido usando una sábana vieja y llené botellas con él. ¡Olía realmente fatal! Este fertilizante está listo para usarse (después de diluirlo, claro) y las plántulas de guisantes probablemente serán las primeras en probarlo. Este fin de semana hay un intercambio de plantas local y pienso llevarme algunas botellas de fertilizante líquido, más un lote de plántulas de lechuga, para ver qué puedo obtener a cambio.

Las plántulas de guisantes necesitan soportes para trepar cuando crecen al aire libre. Yo empiezo con ramitas o ramas, y agrego palos más largos a medida que las plantas crecen.

Las plantas perennes, como esta loganberry, son cultivos fantásticos para adquirir en los intercambios de plantas. Úsalos para propagar más plantas y llevarlas a futuros intercambios de plantas.

TERCERA SEMANA

Sabiendo que necesitaré otro bancal elevado cuando las plántulas de puerro estén listas para el trasplante, tuve que conseguir más palés. Se me ocurrió que lo mejor era hablar con constructores locales que conozco, y ambos accedieron a traerme unos palés viejos al pasar por mi casa. No hay mucha demanda de palés viejos en el sector de la construcción, pero son un recurso fantástico para los horticultores.

Ahora que llueve con menos frecuencia, mi escasez de almacenamiento de agua será un problema importante y debo solucionarlo de inmediato. Corrí a la cafetería de mi barrio con una bolsa grande y les pedí que guardaran todas las botellas de leche vacías. Dos días después habían recogido 20 y me las reservaron. Mientras tanto, acorté la bajante del canalón para colocar un viejo cubo de basura debajo. ¡Todo lo que necesito ahora es un poco de lluvia!

SEGUNDA SEMANA

El intercambio de plantas fue un éxito, aunque llegué tarde y no quedaban muchas opciones. Me llevé dos plántulas de tomate cherry, una bandeja de plántulas de kale y una planta de arándano. El loganberry será perfecto para cultivarlo a lo largo de una de las cercas, y tengo una hermosa variedad de kale para cultivar: ¡cavolo nero! Decidí cubrir un poco el bancal elevado con recortes de césped para seguir agregando más nutrientes al suelo, y los guisantes tienen un aspecto exuberante y saludable. Mi única preocupación es que el bancal aún parece bastante vacío.

Para ayudar a llenar el espacio, planté 8 plántulas de kale y sembré un poco de rábano alrededor con la esperanza de obtener una cosecha antes de que la kale crezca demasiado y bloquee la luz. Los puerros son las otras semillas de las que me olvidé por completo, y son uno de los mejores cultivos para el invierno, así que dejé algo de espacio para ellos en el extremo sur del bancal. Los trasplantaré a sus posiciones finales una vez que los tallos tengan el grosor de un lápiz.

Las patatas germinadas que recibí en marzo crecen bien en un neumático lleno de tierra y restos de verduras. En la zona donde vivo no faltan neumáticos usados y bolsas de compost vacías, así que «enterré» las patatas apilando otro neumático encima del primero. Lo llené con una mezcla de recortes de césped, tierra y lecho de cobayas.

Este año comencé con la lechuga en el interior y la trasplanté cuando las plántulas se habían desarrollado, pero también puedes sembrar semillas de lechuga directamente en su posición final.

CUARTA SEMANA

Tuve que trasplantar las plántulas de lechuga al bancal de hojas de ensalada porque se habían vuelto demasiado grandes para sus contenedores y las hojas comenzaban a perder color. Las planté a unos 30 cm de separación para dejar espacio para que se desarrollaran completamente, y me aseguré de darles la bienvenida a su nuevo hogar con una lluvia de fertilizante líquido y una capa de posos de café.

A comienzos de la semana, iba yo conduciendo por un camino rural y algo me llamó la atención. Me detuve y vi una pila de al menos 10 cubos grandes de alimento para animales escondidos debajo de un seto. Era un claro ejemplo de residuos en el lugar incorrecto, pero vi que serían excelentes maceteros para alubias, patatas, tomates, hierbas, tubérculos perennes y frutos rojos. ¡Nunca habría imaginado que encontrar cubos vacíos sería tan emocionante!

No llovió hasta el viernes, así que tuve que usar aguas grises del fregadero de la cocina para mantener regadas las plántulas y las plantas. Ahora que ha llovido, tengo un cubo de basura lleno de agua, además de todas las botellas de leche llenas hasta arriba y listas para la acción. Al caer las primeras gotas, sentí una enorme sensación de alivio.

He adaptado uno de mis bajantes (*izquierda*) para colocar un cubo de basura grande debajo y recoger el agua de lluvia. Con suerte, esto significará que siempre tendré suficiente agua para mis cultivos, incluso durante los periodos de sequía.

JUNIO

PRIMERA SEMANA

¡Lo más destacado de esta semana fue recoger brotes de guisantes frescos! Simplemente, no pude evitarlo y los disfruté mucho en ensalada. El beneficio de arrancar los brotes es que crea una planta de guisante más tupida y fuerte, así que al menos tenía una excusa válida para este dulce refrigerio.

En una nota más amarga, de repente me di cuenta de que no había sembrado las alubias. El tiempo se acababa y además me quedaban pocos tubos de cartón. Afortunadamente, en abril dejé una bolsa vacía en un hotel local y les pregunté si podían llenármela de tubos de cartón del papel higiénico. ¡Resulta que tenían más de 60 para darme! De ellos, 25 están ahora sembrados con alubias. Utilicé el método de relleno para obtener un poco más de tierra (ver p. 38), mezclando posos de café y echando fertilizante líquido diluido.

Estoy muy impresionado con el aspecto que tienen los bancales. La kale crece rápidamente y cada día está más grande, y las plantas de patata están enormes. También es genial cosechar algunas hierbas frescas, pero sé que este verano debo abstenerme de recolectar demasiadas hierbas y concentrarme en cortar esquejes para aumentar mis existencias para trueque el próximo año.

SEGUNDA SEMANA

El martes volví a la realidad al ver que una familia de babosas había encontrado mis lechugas. Las plantas estaban bastante desarrolladas, por lo que no las aniquilaron por completo, pero eso las retrasará una semana. Ese día corté varios tallos de zarzas y construí una valla espinosa alrededor de las lechugas, luego instalé un par de pubs para babosas en la misma zona, por si acaso. La estrategia ha demostrado ser eficaz y las lechugas casi no han sufrido daños.

Una entrega muy bienvenida llegó el viernes por la tarde. Uno de los constructores locales me había guardado algunos palés dañados, aunque, ahora que están aquí, ¡puede que tenga demasiados! Por otra parte, necesitaré un tercer compostador más adelante, en verano, así que seguro que los usaré todos.

He estado siguiendo atentamente la situación de las heladas. Hace semanas que no hay y las pobres plántulas de tomate necesitan desesperadamente un trasplante. Quité un poco de material de la pila de compost inicial para llenar hasta la mitad dos de los cubos de alimento para animales (tras hacer agujeros de drenaje en la base) y puse una mezcla de tierra, posos de café y recortes de césped. El material de compost actuará como una esponja estupenda para retener el agua, y mis plántulas de tomate ahora tienen un aspecto feliz en sus macetas en el porche.

Las babosas son, sin duda, una de las plagas más frustrantes para los horticultores. Estas son algunas que encontré mientras cazaba por mi huerto.

**Los brotes de guisantes son un
excelente aperitivo,** y se pueden
agregar a las ensaladas. Cuando
tenga suficientes guisantes de
sobra, planeo sembrarlos solo para
cosechar los brotes.

TERCERA SEMANA

Esta semana he tenido mucho trabajo y solo tuve tiempo para regar un poco. No hemos tenido buena lluvia desde hace un par de semanas, así que he estado guardando aguas grises y usando mucha agua de lluvia para regar las plantas temprano por la mañana. Con unas pocas horas libres durante el fin de semana, el sábado construí otro bancal con palés y lo llené usando el método de relleno (ver p. 38). Estaba pensando en ponerle las plántulas de puerro y me alegro de que esté ya listo para ellas.

CUARTA SEMANA

Las largas tardes me están ayudando mucho a seguir cultivando, ¡y me encanta estar al aire libre con los últimos rayos de sol! De momento, esta ha sido una de las semanas más emocionantes y productivas de este viaje. Comencé sembrando espinacas en los bancales para hojas de ensalada y cosechando muchos sabrosos rábanos. Las lechugas también proporcionan muchas hojas deliciosas, y he estado disfrutando de ensaladas caseras de lechuga, rábano y brotes de guisantes.

Tengo muchas ganas de cosechar las patatas, pues he palpado ya algunos tubérculos al desenterrar un poco las raíces. Pero aún no están listas, y necesitan más tiempo para crecer, así que debo tener mucha paciencia. Aunque finalmente ha llovido un poco más, regué bien las plantas de patata.

¡Trasplantar los puerros fue muy satisfactorio! Me encanta lo fácil que es el proceso, y hay algo extrañamente divertido en dejar caer una plántula en un hoyo sin necesidad de llenarlo con tierra. El único inconveniente de los puerros es la espera. No puedo cosecharlos hasta noviembre/diciembre, lo que parece muy lejos en este momento. También me aseguré de trasplantar las alubias. Fue un poco decepcionante que solo germinara aproximadamente la mitad, pero ahora están plantadas en dos cubos más de esos que encontré de alimento para animales. Necesito localizar algunos palos largos para guiarlos. He notado que hay mucho bambú invasivo en mi zona, ¡que sería perfecto para las estructuras de las alubias!

Es importante darles un buen riego a las plántulas trasplantadas, como estos puerros, cuando las traslades a su lugar de crecimiento final.

JULIO

PRIMERA SEMANA

¡No pude contenerme más y he cosechado las patatas! Quedé muy satisfecho con el rendimiento, y tienen un sabor delicioso. Aún podremos comerlas un tiempo, y me aseguré de guardar 10 para usarlas como patatas de siembra el próximo año. Tengo plena confianza en que conseguiré aún más semillas de patata para plantar en marzo. ¡Espero no equivocarme!

Mi bancal para hojas de ensalada va viento en popa. Las lechugas aún producen mucho, y riego con más frecuencia para evitar que las plantas florezcan antes de tiempo. En primavera recibí unas semillas de remolacha caducadas del jardinero local. Las sembraré en el bancal de hojas de ensalada este fin de semana. Puedo comerme las hojas tiernas, y espero poder disfrutar también de unas deliciosas remolachas.

Las patatas son un cultivo fantástico para un horticultor autosuficiente. Son fáciles de cultivar y producen muchos tubérculos. Recuerda guardar algunas para plantar al año siguiente.

SEGUNDA SEMANA

Ahora que han echado raíces, las judías verdes suben muy deprisa por los soportes de bambú. Les eché un poco de fertilizante líquido al regarlas y las fuertes lluvias de principios de semana han repuesto mis niveles de agua. ¡Ahora tengo unos 40 contenedores llenos de agua y he colocado cubos debajo del techo del cobertizo para capturar aún más!

Las hierbas son para mí una gran pasión y una característica importante de nuestra cocina casera. Las tres hierbas que planté en marzo (romero, menta y salvia) están creciendo bien, pero me gustaría agregar más a la colección.

Esta semana conseguí esquejes de hierbaluisa, lavanda, menta y tomillo. Todas las tengo plantadas en botes de yogur excepto los tallos de menta, que están en un frasco con agua.

Mi tía y mi tío acordaron dejarme dividir algunas de sus plantas herbáceas maduras en otoño. Pronto tendré mejorana, melisa y cebollino. Estoy tan entusiasmado con el cultivo de hierbas que planeo montar un nuevo bancal elevado este invierno solo para hierbas perennes.

TERCERA SEMANA

Mis vainas de guisantes están ahora gordas y listas para cosechar. Son el mejor refrigerio fresco en la huerta, incluso mejor que las fresas, que también coseché esta semana. De hecho, me gustan tanto los guisantes frescos que ninguno de los de la primera cosecha llegó al interior. En mi opinión, el disfrute es el objetivo final y la recompensa por cultivar tus propios alimentos y, aunque quiero compartir estos guisantes con los demás, soy demasiado codicioso.

Planté algunos tubérculos de alcachofa de Jerusalén junto al ruibarbo en abril, y la tasa de crecimiento ha sido asombrosa. He estado cubriendo los tubérculos y el ruibarbo con abundantes posos de café y recortes de césped, y ambos cultivos están en excelentes condiciones. Los suministros de fertilizante líquido se están agotando últimamente, así que la semana pasada comencé otro lote y eché lo que quedaba del lote original en todas las plantas en los bancales elevados.

Los botes de yogur tienen el tamaño perfecto para plantar esquejes de hierbas perennes.

Los esquejes de menta son fáciles de propagar: déjalos en agua hasta que aparezcan las raíces y luego plántalos en macetas llenas de compost.

CUARTA SEMANA

¡Los esquejes de menta que puse en agua ya están enraizando! No puedo evitar emocionarme por la magia que tiene lugar cuando pones un tallo en agua y le salen raíces. Mantendré la menta en agua durante un par de semanas más antes de trasplantarla, y estaré atento a los otros esquejes de hierbas en macetas, que también tienen buen aspecto.

El bancal de hojas de ensalada todavía es bastante productivo, pero he notado que algunas hojas de lechuga están empezando a tener un sabor un poco amargo. Para reducir el amargor, las cociné ligeramente al vapor antes de comerlas, lo cual funciona bien. Pronto será el momento de empezar a cosechar las espinacas, así tendremos más verduras frescas.

Alrededor de 20 semillas de remolacha germinaron (de al menos 100), lo cual fue decepcionante, por lo que planeo dejarlas madurar normalmente (sin recoger hojas) y disfrutaré comiendo las raíces este otoño. El sabor dulce de las remolachas frescas de cosecha propia siempre será muy superior al de cualquier remolacha comprada en una tienda.

El sábado le di la vuelta a la pila de compost por primera vez este mes. Mientras trabajaba, noté que el centro estaba seco, así que eché agua (unas cinco botellas de plástico para leche recicladas llenas). Esto debería hacer que los niveles de humedad vuelvan a subir y también ayudar a acelerar el proceso de compostaje. Estoy un poco sorprendido por lo saludables que están mis hortalizas teniendo en cuenta que dependo solo de mantillos y fertilizante líquido para mantenerlas en funcionamiento. En otoño, cuando el compost esté listo, esparciré una capa de unos 5 cm sobre los bancales elevados y añadiré la misma cantidad a mis macetas. La falta de compost puede limitar lo que se puede sembrar y cultivar, por lo que una vez que se obtiene ese valioso recurso, el periodo más difícil de cultivar alimentos de forma gratuita quedará atrás.

AGOSTO

PRIMERA SEMANA

La lechuga ya está produciendo semilla. Tenía un sabor tan amargo que ni siquiera al cocinarla mejoraba. Dejé seis plantas de lechuga en el bancal para que florezcan y den semilla, y puse el resto en el compostador.

Aunque formar parte de un pequeño intercambio de herramientas con vecinos amables ha funcionado bien, me gustaría empezar a reducir mi dependencia de ellos y esta semana tuve un verdadero avance en el asunto de las herramientas. Una limpieza de mi dormitorio que debía haber hecho hace mucho tiempo resultó en una pila de libros, dispositivos electrónicos y ropa que ya no necesitaba. Después de publicarlos en mi plataforma de intercambio local con una solicitud de herramientas de jardinería a cambio, obtuve dos horcas, dos cubos grandes, una pala y una paleta en muy poco tiempo.

SEGUNDA SEMANA

Los puerros están creciendo bien y creo que siempre tienen su aspecto mejor y más delicioso justo después de una fuerte lluvia. Les puse una capa ligera de posos de café y saqué algunas de las malas hierbas que empezaban a aparecer. Soy muy estricto a la hora de quitar malas hierbas, y una vez a la semana recorro toda la parcela para eliminar las que hayan surgido. Los visitantes siempre comentan lo limpio y libre de maleza que está el huerto y el trabajo que eso implica. En realidad, es una de las tareas más fáciles, siempre que la hagas con frecuencia y por poco rato. Es el secreto para no sentirte abrumado por esas molestas plantas.

De las plantas de fresa brotan estolones en todas direcciones y parecen decididos a apoderarse del suelo desnudo circundante. Algunos incluso han empezado a echar raíces en el camino de astillas. Durante los últimos meses, he estado recolectando latas vacías, que son perfectas para plantar los estolones (las pequeñas plantas al final de los vástagos). Olvidé agregar orificios de drenaje en la base de las primeras latas, pero rectifiqué rápidamente el error con un clavo y un martillo una vez que vacié el contenido. Como experimento, llené dos tercios de las latas con el material medio descompuesto del primer compostador y un tercio de tierra vegetal. También coloqué los esquejes de menta en latas usando la misma mezcla.

Las latas viejas son ideales para plantar esquejes, como menta (*izquierda*), o para sembrar semillas; ¡pero recuerda hacer agujeros de drenaje en el fondo!

TERCERA SEMANA

La mayor parte de la semana la pasé visitando a familiares en la otra punta del país. Aunque estuve fuera 5 días, estaba seguro de que si regaba bastante todas las plantas el día antes de irme, estarían bien.

Afortunadamente no hubo desastres. Las plantas bien establecidas, como la kale y las alcachofas de Jerusalén, podrían sobrevivir durante algunas semanas sin agua, pero las plantas en macetas necesitaban otro remojo cuando terminaran los 5 días. ¡Fue agradable volver a tener un puñado de judías verdes listas para cosechar y tomates por fin!

Es triste ver que la cosecha de guisantes se está desacelerando, por lo que debo evitar comerme demasiados y dejar que las vainas maduren y se sequen para poder guardar las semillas. Habiendo descubierto que hay aproximadamente seis guisantes por vaina y que me quedan alrededor de 50 vainas en las plantas, el próximo año no me faltarán semillas de guisantes para cultivar o intercambiar.

Las alcachofas de Jerusalén son de las plantas más altas de mi huerto. Los tallos crecen deprisa, pero se cosechan los tubérculos, que crecen bajo tierra.

Las judías verdes son un cultivo que no deja de producir: mientras queden flores, sabes que seguirás teniendo judías para cosechar.

CUARTA SEMANA

Las judías verdes han sido una adición bienvenida a muchas cenas y están realmente deliciosas. Los tomates han sustituido a los guisantes como tentempié en el huerto, lo cual no está nada mal, pero tengo que ser más paciente en mis incursiones para comprobar la cosecha, porque hay menos tomates disponibles para comer en comparación con la abundancia de guisantes.

En cuanto a las cosechas, decidí recoger algunas hojas de kale para agregar más verduras a la cena del sábado y estaban deliciosas al vapor con una ramita de romero. Ahora recibo una buena cantidad de espinacas del bancal de hojas de ensalada y me encanta que en mis comidas aparezcan alimentos gratis de cosecha propia todos los días de la semana.

Los días se están acortando y el otoño está a la vuelta de la esquina, y eso significa grandes cantidades de hojas caídas y material vegetal, ¡todo lo cual está pidiendo a gritos que lo convierta en compost! En mi opinión, la mejor manera de prepararse para el otoño es tener suficiente espacio libre para hacer compost, así que, con el segundo compostador a punto de desbordarse, decidí crear un tercero. Mi objetivo es llenar este compostador antes de que llegue el invierno. El contenido del compostador inicial debería estar listo en noviembre, y usaré y almacenaré la mayor cantidad posible, de modo que el contenedor estará libre para materiales de invierno, como restos de verduras. Me parece que tres compostadores me mantendrán más que provisto de compost durante todo el año para obtener cosechas abundantes en cada temporada.

SEPTIEMBRE

PRIMERA SEMANA

No suelo considerarme un acumulador de objetos, pero desde que acepté el desafío de cultivar alimentos de forma gratuita, veo potencial en muchos elementos cualquiera del huerto. Uno de mis favoritos es un viejo fregadero de metal que servirá como perfecto macetero para hierbas. También he estado almacenando materiales para crear bancales elevados y ahora tengo una gran colección de piedras, que planeo usar como borde para un bancal de hierbas perennes. Mi filosofía (posiblemente peligrosa) es que cuanto más material pueda recolectar, más posibilidades tendré de crear cosas este invierno.

Al darme cuenta de que no había removido la primera pila de compost durante al menos 6 semanas, decidí convertir esa tarea en mi entrenamiento del viernes por la mañana. Mientras removía montones de compost, vi que estaba casi listo para usarse como medio de cultivo y que desprendía un agradable olor a tierra, a suelo de bosque, que es exactamente a lo que debe oler un buen compost.

Mientras, los mantillos ligeros de recortes de césped y posos de café han actuado como perfectos sustitutos a corto plazo del compost casero. Continuaré usándolos el próximo año, pero solo como refuerzo ocasional, porque el suelo estará muy saludable una vez que agregue el compost en otoño.

SEGUNDA SEMANA

Los esquejes de menta están bien asentados en sus nuevos hogares, pero confieso que me había olvidado de las otras hierbas que propagué. Las puse en el exterior en un rincón sombreado que casi nunca visito ¡y hasta esta semana no me acordé de ellas!

Los esquejes de hierbas parecían un poco secos y tristes, pero al menos no los había dejado en un lugar soleado, donde seguramente se habrían muerto. Los había plantado en macetas pequeñas, y normalmente los pongo en macetas más grandes, pero a medida que se acerca el invierno pronto quedarán inactivos. Así que planté los esquejes en el espacio debajo de la kale. Puedo quitarlos de ahí a finales de invierno y colocarlos en macetas listos para la primavera o plantarlos en su posición final de crecimiento. La otra ventaja de esta estrategia es que no tengo que buscar más sustrato para llenar las macetas ni preocuparme de que las raíces de las hierbas se sequen.

Los puerros han experimentado un crecimiento considerable en las últimas semanas y estoy muy entusiasmado con ellos. Los puerros, junto con la kale, serán los dos cultivos más productivos y con mayores rendimientos de este año de crecimiento. En el bancal elevado hay alrededor de 50 puerros, que cosecharé el próximo invierno para saborearlos en sopas, guisos, pasteles y también caramelizados con un poco de aceite de oliva; hay muchas maneras de comerlos y disfrutarlos.

SEGURAMENTE LAS PLANTAS QUE TIENEN UN ASPECTO POCO SALUDABLE SOLO NECESITAN UN POCO DE AGUA. SI EL SUELO ESTÁ SECO, INTENTA REGAR ABUNDANTEMENTE LOS CULTIVOS A PRIMERA HORA DE LA MAÑANA.

CUARTA SEMANA

El rendimiento de las judías verdes cultivadas en los cubos de pienso para animales ha sido fenomenal. Estaba a punto de escaldar y congelar una gran cantidad, pero luego pensé que, a largo plazo, me beneficiaría más si guardaba las semillas. ¡Ahora tendré más semillas que intercambiar la próxima primavera!

Todos los estolones de fresas muestran un crecimiento fuerte y exuberante. Eso indica que ahora tienen un sistema de raíces fuerte, por lo que a principios de esta semana las separé de la planta madre. Las fresas que coseché durante el verano estaban deliciosas (los mirlos definitivamente estarán de acuerdo), así que guardaré seis de los estolones para plantarlos este invierno. Los pondré en neumáticos para aumentar mis rendimientos y usaré los estolones enraizados restantes para intercambiar.

He tenido cosechas regulares de espinacas del bancal de hojas de ensalada, pero ahora que los niveles de luz y la temperatura han bajado, el suministro está empezando a disminuir. La kale pronto reemplazará a las espinacas como mi principal suministro de verdura, y también tengo la opción de hojas frescas de remolacha ahora que las raíces casi han alcanzado el tamaño óptimo. Lo que me encanta de cultivar alimentos es que hay algo diferente para cosechar y comer en cada temporada. Y tan pronto como empiezas a aburrirte de una verdura, ¡aparece otra que la reemplaza!

Espera a que las vainas de guisantes se sequen y se arruguen para retirarlas y guardar las semillas.

TERCERA SEMANA

He revisado las vainas de guisantes esta última semana y el fin de semana las noté muy arrugadas y secas al tacto, así que las recogí en un recipiente.

Una vez dentro, saqué los guisantes y los extendí en una bandeja para horno. Dejaré la bandeja en el alféizar de una ventana soleada durante una semana antes de guardar los guisantes secos en un frasco en un lugar oscuro. Debo de tener unas 300 semillas de guisantes, ¡más de lo que inicialmente esperaba! Pienso conservar un tercio para cultivar el próximo año y cambiar el resto por las semillas que quiero.

Fue satisfactorio cortar las plantas de guisantes desde la raíz y convertir en compost los tallos secos. Habían crecido aproximadamente 1,2 m de altura sobre un simple soporte casero hecho con alambre atado a viejos postes de una cerca.

Suelo extraer mis plantas de guisantes con las vainas secas adheridas; así las puedo quitar sentado, que es más fácil.

OCTUBRE

PRIMERA SEMANA

¡Esta semana tuve la primera cosecha de remolacha y desde luego valió la pena la espera! De las semillas que sembré, unas 20 plantas crecieron hasta la madurez y se almacenan bien en el suelo, por lo que extraeré las raíces cuando planee comérmelas entre ahora y principios de noviembre. Siempre recomiendo la remolacha. Es una de las verduras más fáciles de cultivar y siempre sabe mucho mejor que cualquier cosa que puedas comprar en una tienda. Puedo sentir que el jardín entra ahora en modo de descanso y todo se ralentiza debido al invierno, pero al menos tendré tiempo para abordar algunos proyectos grandes, como crear nuevas áreas de cultivo.

SEGUNDA SEMANA

¡Creo que no he visto el sol en unas 3 semanas! Hemos tenido tiempo lluvioso, miserable y frío, nada de lo cual ayuda a que las vainas de judías verdes se sequen. Otro inconveniente fue la pequeña cantidad de roya en las hojas del puerro, lo que no es de extrañar dadas las recientes condiciones meteorológicas. La roya es una enfermedad fúngica que debe contenerse para que los rendimientos no se vean afectados, por lo que reviso el lecho de puerros cada 2 días y corto las hojas afectadas. Siempre tiro el material enfermo a la basura de casa y no al compostador, de ese modo las posibilidades de que se propague y contamine otras plantas en el futuro se reducen significativamente.

El ajo es una de mis hortalizas favoritas, y durante los últimos meses he estado dedicando mis energías a conseguir algunos dientes gratis a tiempo para plantarlos este otoño. Mi perseverancia dio sus frutos hace un par de semanas, cuando hablaba con un vecino que es también aficionado a la horticultura. Él estaba a punto de hacer un pedido de ajo y le pregunté si me daría un par de cabezas a cambio de algo. Todo lo que pidió fue ayuda para plantar ajos en su huerto, lo cual hicimos el sábado. Después de aproximadamente media hora de trabajo, ahora tengo tres cabezas de ajo para plantar. Un pequeño problema es que no tengo ningún lugar donde plantarlos, así que debo construir un bancal elevado la semana que viene.

Aunque dejé la mayor parte de mis remolachas en la tierra, no he podido evitar extraer algunas para comérnoslas.

Estoy muy contento de
haber conseguido plántulas
de kale a principios de año.
Es un cultivo tan productivo
que podré cosecharla
durante todo el invierno.

TERCERA SEMANA

En verano recibí un collar de palé roto y lo había
olvidado por completo. El único trabajo de reparación
necesario fue un par de clavos viejos en una esquina y
al instante obtuve una estructura para bancal elevado
donde pude plantar el ajo. Usé una variación del
método de relleno: quité 15 cm de capa superficial
del suelo dentro del marco y llené el espacio con
astillas de madera. Luego utilicé el primer compost
casero mezclado mitad y mitad con tierra para llenar
el bancal. Después de dejar que se asentara durante
un par de días, planté 24 dientes de ajo en el bancal.

Ha sido una semana productiva porque también
tuve la oportunidad de dividir algunas hierbas
maduras en el jardín de mis tíos. Sorprendentemente,
obtuve 12 divisiones de una mezcla de melisa, menta
piperina, mejorana, tomillo, apio y cebollino. He
dejado metido en el suelo uno de cada tipo de
hierba, listos para el bancal de plantas perennes, y el
resto lo he colocado en varios contenedores para
intercambiar plantas el próximo año. También logré
dividir algunas de sus plantas de ruibarbo para
agregarlas a mi colección. Aunque habría sido mejor
esperar al próximo mes, el ruibarbo es una planta
perenne resistente, por lo que mis divisiones
deberían sobrevivir.

CUARTA SEMANA

La kale aparece ahora regularmente en nuestra mesa,
así que decidí hacer un lote fantástico de kale chips
(aperitivo hecho a base de kale seca y condimentada)
que fueron un placer. También he estado vigilando
cuidadosamente los puerros en busca de roya. Por
suerte, esta prácticamente ha desaparecido y, a
juzgar por el tamaño de los tallos, los primeros
puerros estarán listos para cosechar en unos días.

Un grupo de plantas que falta en el huerto este
año son las cucurbitáceas: calabacines, pepinos y
calabazas. A finales de esta semana, estábamos
tallando una calabaza para Halloween y de repente
tuve un momento de revelación: ¿por qué no guardar
las semillas? Las calabazas comerciales se cultivan a
gran escala, lo que significa que es muy poco
probable que se produzca una polinización cruzada
con cualquier otro tipo de calabaza, por lo que las
semillas deberían crecer según su tipo. Me dejé llevar,
saqué con cuidado las semillas de calabaza del
compostador y ahora tengo alrededor de 60 semillas
secándose en el alféizar de la ventana. Planeo
sembrar en latas, cultivarlas y llevarlas a un
intercambio de plantas, cada una con la etiqueta
«Plántula de calabaza para tallar en Halloween».
Espero que todos tengamos una cosecha exitosa.

NOVIEMBRE

Cuando uso hojas muertas como mantillo, las cubro con palos para hacerlas más pesadas. Esto evita que se las lleve el viento.

PRIMERA SEMANA

Una de mis vecinas es una jardinera muy hábil que cultiva preciosas rosas y otras plantas de jardín. Al ver unas macetas de hierbas en el patio, decidí desafiarla a que intentara cultivar también plantas comestibles. Cuando me preguntó qué crecería bien en una maceta grande de terracota, le recomendé fresas. Quedó encantada cuando el jueves, después del trabajo, le llevé a casa tres plantas de fresa que propagué a principios de año. Fue genial regalarlas y alentar a alguien más a cultivar alimentos gratis, incluso a pequeña escala.

Mi deseo para el próximo año es tener suficiente material de cosecha propia para poder suministrar plantas, esquejes y plántulas gratis a la comunidad local de forma regular. Quiero animar a otros a que cultiven, o al menos a que den sus primeros pasos en la dirección correcta.

Coseché los primeros puerros este fin de semana, usando una horca para aflojar suavemente la tierra a su alrededor. Tenía miedo de que si tiraba demasiado fuerte pudiera romper el vástago. Los puerros tienen una longitud fantástica y el sabor es algo increíble. Los caramelicé en mantequilla derretida y con gusto me comería un plato entero de esto y nada más para cenar.

Hay tantas hojas para recolectar en otoño que a menudo llego a un punto en el que tengo que dejar de recolectarlas; de lo contrario, tendría más de las que puedo usar.

SEGUNDA SEMANA

Dondequiera que miro, el suelo está cubierto de hojas muertas. Siempre que salgo a caminar, llevo un par de sacos que conseguí en un café artesanal local. Antes contenían granos de café y son perfectos para recolectar y almacenar hojas. Los vecinos también están contentos de que a mí me sirvan las hojas que ellos barren y con las que forman grandes montones en sus jardines, porque así hay menos que desechar en el centro local de residuos verdes.

He estado planeando cubrir el bancal de ajos con una capa de hojas de 5 cm y dejarlas durante el invierno. El principal inconveniente de las hojas es que se vuelan, así que coloco una red de palos encima para mantenerlas en su sitio. A final de mes, también cubriré las fresas y el ruibarbo con una capa de hojas, agregando una capa de compost por encima para sujetarlas y proporcionar una liberación lenta de nutrientes durante la próxima temporada de crecimiento.

TERCERA SEMANA

El fin de semana pasado, finalmente tuve que aceptar que no hay más espacio para las hojas muertas, a menos que las amontone en algún lugar para hacer mantillo de hojas. La vida ha sido un poco frenética últimamente y no ha habido tiempo para construir una jaula, así que decidí tirar las hojas en la esquina donde la pared se encuentra con la verja. Las cargué con bolsas de compost vacías y piedras para que no se las llevara el viento y me pareció que era una buena solución temporal. Puede que hacer ese montón no parezca una solución inteligente, pero significa que puedo recolectar más hojas y agregarlas.

Las navidades se acercan y amigos y familiares cercanos me han estado preguntando qué hay en mi lista de deseos. No he tenido mucho tiempo para pensarlo, pero sé que me gustaría una suscripción anual a una revista de horticultura en particular que parece llevar paquetes gratuitos de semillas de hortalizas en la portada de casi todos los números. En mi opinión, es una manera increíble de obtener un suministro constante de semillas sin coste adicional. Y si no quiero o necesito algunos de los paquetes, puedo cambiarlos por otra cosa en el próximo intercambio de semillas.

CUARTA SEMANA

El compost del primer compostador ya está listo. Hay algunas partes solo parcialmente compostadas, pero las he puesto en el segundo contenedor. Utilicé una pala para llenar un par de cubos con compost, luego los llevé a los bancales elevados y cubrí los puerros y la kale con una capa de 5 cm. Me sentí aliviado de haber finalmente producido algo de compost para poner en esos bancales y supe que no tendría que pensar en agregar más hasta el próximo otoño.

Los cubos de pienso para animales y los bancales de neumáticos que ya había plantado también recibieron una capa de 5 cm de compost. Gracias a esta adición de materia orgánica, la fertilidad del suelo aumentará y las plantas recibirán un impulso.

Más de dos tercios del compost siguen en el primer compostador, pero está destinado a futuros bancales, y hay el riesgo de que lo use todo antes de primavera. Sería una mala decisión, porque al del segundo contenedor aún le falta (con suerte podré usarlo en abril, si sigo dándole la vuelta con regularidad).

Pensando en el futuro, decidí llenar dos cajas grandes con compost y guardarlas en el cobertizo. Ahora sé que cuando llegue el momento de sembrar semillas, tendré suficiente compost para llenar las macetas.

ESPERABA VACIAR MI PRIMER CONTENEDOR DE COMPOST ANTES DEL COMIENZO DEL INVIERNO PARA PODER EMPEZAR A LLENARLO DE NUEVO. PERO NO TODO SALE SEGÚN LO PREVISTO, ALGO QUE SIEMPRE CONVIENE TENER EN CUENTA.

DICIEMBRE

Utiliza cualquier esqueje de frutos rojos que puedas conseguir para propagar nuevas plantas. Los jardineros a menudo los descartan, así que intenta pedir las podas a alguien que tenga un arbusto frutal.

PRIMERA SEMANA

Una de las mejores cosas del intercambio de semillas de principios de este año fue poder conocer y charlar con tantos horticultores de mi comunidad. Siempre pensé que los horticultores eran un grupo de personas generosas, y cuando se enteraron de que me había desafiado a mí mismo a cultivar alimentos gratis, estuvieron dispuestos a ayudar en lo que pudieran.

Una de ellas cultiva frutos rojos y me dijo que me podía dar esquejes cuando podara sus grosellas y bayas, así que intercambiamos números. La llamé en noviembre y este fin de semana fui y me dijo que me llevara lo que quisiera porque ella iba a quemar el resto. Me llevé 50 esquejes, una mezcla de grosellas,

jostaberries y grosellas, ¡mucho más de lo que necesito o para lo que tengo espacio! Ya estoy cultivando los esquejes de grosellas que compré en el mes de marzo, pero los que conseguí este fin de semana eran de una hermosa variedad roja y no pude resistirme.

Por el momento, he colocado en el suelo los esquejes de frutos rojos porque todavía tengo que preparar un área de propagación para cultivarlos. Dadas las restricciones de espacio, conservaré un máximo de ocho de los esquejes cuando hayan formado raíces. El resto lo regalaré o incluso podría hacer algo de jardinería de guerrilla y plantarlo en setos cercanos.

Durante los meses finales de otoño e invierno hay mucho menos que hacer en el huerto. Aprovecho este tiempo para pensar en nuevas ideas para la siguiente temporada de cultivo.

SEGUNDA SEMANA

Esta semana me centré en los frutos rojos, en concreto en los cinco esquejes de grosella que planté en una maceta en primavera. Saqué con cuidado la masa enredada de raíces de la maceta y la coloqué en un balde con agua de lluvia durante un par de horas. Esto hizo que fuera mucho más fácil separar las plantas y minimizar cualquier daño a las raíces en el proceso.

Decidí conservar dos de los esquejes y regalar los otros tres a mis amigos. Trasplanté uno a un neumático lleno de tierra y compost y luego planté el otro directamente en el suelo cerca del ruibarbo. Todo el huerto está empezando a llenarse de cultivos alimentarios y debería ser aún más productivo dentro de un año.

TERCERA SEMANA

He decidido no empezar ningún nuevo trabajo de horticultura hasta el año nuevo, aunque seguiré revisando mis plantas y cosechando verduras de invierno. Estoy planeando pasar algunas tardes tranquilas recopilando ideas para el huerto que podrían resultar útiles el próximo año. Internet es la mejor fuente de contenido gratuito y no puedo evitar dejarme atrapar por vídeos de jardinería de todo el mundo. Tener algo de tiempo libre y no preocuparme por las otras tareas que tengo que hacer antes de las navidades es una bendición.

Utilizo un cuaderno para anotar cualquier cosa que me llame la atención, por ejemplo, cultivar hojas de ensalada en viejos canalones adosados a una valla. El año que viene podré revisar todas las notas y bocetos que hice y elegir las ideas que más me entusiasmen, aunque tendrán que ser realistas teniendo en cuenta los recursos de que dispongo. Hacer un bancal con palés para el jardín es una prioridad. También descubrí un par de fantásticos podcasts sobre jardinería y espero escucharlos mientras conduzco o lavo los platos.

Recuerda dejar algunas alcachofas de Jerusalén en la tierra cada año y tendrás cosecha invierno tras invierno.

CUARTA SEMANA

Durante las navidades estamos comiendo a menudo chips de kale, y la cena de Navidad estuvo acompañada de remolacha asada, patatas y puerros de cosecha propia. El año que viene me encantaría cultivar todas las verduras navideñas gratis, lo que significa sembrar y plantar también chirivías, coles de Bruselas y col lombarda. ¡Una idea que anoté en el cuaderno fue convertir el bancal de los puerros en una parcela de verduras dedicada en exclusiva a la cena de Navidad!

No había tenido tiempo de extraer ninguna de las alcachofas de Jerusalén que están junto al ruibarbo, así que saqué algunas para asar el día después de Navidad para agregar variedad a las sobras del día anterior. Han sido tan productivas que una sola planta produjo suficientes tubérculos. Según el pronóstico, una larga racha de frío es inminente, así que ya me veo preparando tandas de sopa caliente de alcachofas de Jerusalén durante enero y febrero.

ENERO Y FEBRERO

ENERO

A principios de enero, pasé una mañana construyendo un bancal para hierbas perennes, de 1 m de ancho por 1,6 m de largo, con piedras y ladrillos viejos. Extraje los esquejes de hierbas perennes que había cortado y planté menta, melisa, salvia, romero, cebollino, tomillo, mejorana y apio. Hay suficiente espacio para algunas hierbas más, así que buscaré algunas o plantaré hierbas anuales, como perejil.

Mi deseo de tener una suscripción a una revista de horticultura se cumplió y, a finales de mes, había reunido una selección de semillas gratuitas: rábanos, zanahorias, guisantes, lechuga y col de verano. Los rábanos están buenos, pero me sobraron semillas del año pasado, y también guardé semillas de guisantes de mi propia cosecha, así que decidí reservar estos dos paquetes de semillas. Las guardaré en un contenedor con otras destinadas al intercambio de semillas y veré qué ofrecen.

También preparé un poco de terreno para los esquejes de frutos rojos quitando una pequeña zona de césped y extendiendo una capa poco profunda de compost. Luego hundí los esquejes en el suelo y los cubrí con astillas de madera para ayudar a retener la humedad y evitar que las malas hierbas los invadieran en primavera.

La mitad de los puerros todavía están en el suelo esperando a que los coseche, y estoy recogiendo kale con regularidad; un suministro regular de verduras es una necesidad en pleno invierno. Aumentar la producción es mi objetivo clave para el próximo año, dado que tendré compost de mi segundo compostador listo para usar en primavera y el tercero, que construí en agosto, está casi lleno. He forrado y llenado seis neumáticos más con tierra vegetal y compost, y también he creado otro lecho elevado con madera de palés. Planeo llenarlo en primavera usando el método *hügelkultur* (ver p. 39).

Siempre es una larga espera cuando se trata de cosechar puerros, pero vale la pena y son un alimento de invierno básico y muy subestimado.

No hay nada mejor que ver los primeros brotes de la temporada de crecimiento (en este caso, del ruibarbo) después de un invierno largo y oscuro.

FEBRERO

Aunque aún es invierno, ya hay signos de crecimiento en los bancales de verduras. También noté que aparecían nuevos brotes de las divisiones de ruibarbo que planté el otoño pasado, pero no cosecharé muchos tallos este año, para que crezcan con fuerza. ¡Tengo muchas ganas de recoger los brotes en flor de mi kale porque me estoy aburriendo un poco de comer las hojas!

A mediados de febrero sembré un lote de semillas de tomate y pimiento que había obtenido de frutas compradas en la tienda el año pasado. Planeo cultivar las plántulas en latas y llevarlas al intercambio de plantas local en un par de meses. No sé cómo, pero logré comerme toda la cosecha de patatas (incluidas las que había reservado para cultivar) y estuve buscando patatas de siembra. Por suerte pude conseguir unas cuantas a cambio de puerros, pero también voy a guardar cáscaras de patatas con ojos con la esperanza de que broten. El negocio del intercambio y el trueque me resulta mucho más fácil a medida que pasa el tiempo, y mejorará porque pronto tendré una mayor variedad de semillas, plantas y esquejes para ofrecer.

Muchos vecinos han quemado ramas podadas de arbustos y árboles durante el invierno y yo he recogido de sus hogueras una cantidad respetable de cenizas de madera. Cubriré los arbustos de frutos rojos con mantillo y agregaré un poco al compostador. También recogí trozos de carbón de las cenizas, que trituré y agregué al compostador cuando le di la vuelta al contenido.

La última tarea del invierno fue echar astillas en los caminos alrededor de los bancales de neumáticos y algunos de los bancales elevados; no quería resbalar en el barro después de una fuerte lluvia. La tierra de los bancales está limpia y lista para cultivar, pero aún no se ha calentado. Debo abstenerme de sembrar porque sé por experiencia que la impaciencia a menudo termina en desastre y no puedo darme el lujo de correr riesgos.

Para distraerme, estuve revisando el cuaderno de ideas y comencé a reunir cosas para nuevos proyectos. Uno de los elementos más fáciles de conseguir fueron algunos canalones viejos. Mi vecino había quitado algunos del cobertizo de su jardín y estaban en un contenedor. No pude pasar de largo sin preguntarle si podía llevármelos.

ME HA SORPRENDIDO LO FÁCIL QUE ES ENCONTRAR SOLUCIONES ALTERNATIVAS PARA CULTIVAR ALIMENTOS DE FORMA GRATUITA, Y ME SIENTO EXTREMADAMENTE OPTIMISTA ACERCA DE CONTINUAR CON ESTE DESAFÍO EN LA PRÓXIMA TEMPORADA DE CULTIVO.

ÍNDICE

AGRADECIMIENTOS

Agradecimientos del autor

Escribir este libro ha sido una tarea dura, pero también extremadamente gratificante, y no habría sido posible sin el apoyo de mi familia, amigos y seguidores, que han sido muy comprensivos y cariñosos durante este proceso: ¡escribir un libro de jardinería durante la temporada de cultivo no es fácil!

Quiero dar las gracias a todo el equipo de DK, que me ha ayudado tanto y ha contribuido decisivamente a hacer realidad mi sueño de escribir este libro. Y en especial doy las gracias a mi editor, Toby, por su paciencia y por asegurarse siempre de que nunca me desviara demasiado del camino, y a mi editora ejecutiva, Stephanie, a la que deseo la mejor de las suertes en sus nuevos proyectos y de la que no puedo olvidar su amabilidad y las risas que hemos compartido en los dos últimos años. Gracias también a mi editora, Mary-Clare, por confiar en mis ideas y hacerlo posible.

Semanalmente me sentaba a escribir el libro en el café de mi barrio, Old Printing Office. Les agradezco sinceramente que hayan sido tan tolerantes con mi continua y prolongada presencia (¡ojo, mis visitas semanales no han terminado!). Gracias también a mi agente literaria, Laura, por su continuo e inestimable apoyo durante este proceso.

Me cuesta acostumbrarme a la idea de que este es ya mi segundo libro, cuando aún no he superado la emoción de publicar el primero el año pasado. Doy las gracias a todos los que han comprado este libro o el anterior, *Veg in One Bed*, cuya popularidad me ha sorprendido. Mi objetivo es ayudar al mayor número posible de personas a cultivar sus propios alimentos, y la manera que tengo de hacerlo es escribir.

No puedo terminar sin dar las gracias a mi padre, Steven, a quien estoy eternamente agradecido por inspirarme a que me dedicara a la jardinería y por mantener el jardín en perfectas condiciones mientras trabajaba en este libro. Su amor, experiencia y apoyo son insustituibles.

Agradecimientos de los editores

Los editores agradecen a Amy Cox la asistencia con el diseño, a Steve Crozier el retoque de imágenes y el ajuste de color, a Millie Andrew la revisión, y a Vanessa Bird la preparación del índice. Asismismo, agradecen a Amy de @amyskitchengarden (Instagram) que les permitiera utilizar sus bonitas imágenes.

Créditos de las fotografías

Los editores agradecen a los siguientes su amable permiso para reproducir sus fotografías:

(Clave: a: arriba; b: bajo/debajo; c: centro; d: derecha; e: extremo; i: izquierda; s: superior)

Alamy Stock Photo: Photos Horticultural / Avalon / Photoshot 167bd, Michael Scheer 19, Colin Underhill 92cda, veryan dale 59, Rob Walls 58bd; **Dorling Kindersley:** Peter Anderson / RHS Hampton Court Flower Show 2014 92sc, Alan Buckingham 113bi, 167bi, Mark Winwood / RHS Wisley 161sd; **Dreamstime.com:** Airborne77 64bi, Milton Cogheil 165sd, Coramueller 34bi, Jlmcloughlin 88, 99bi, Photozirka 26si, Phana Sitti 34bd, Jason Winter 67bi; **Amy's Kitchen Garden:** 21si, 21sd; **Getty Images:** Chn Ling Do Chen Liang Dao / EyeEm 92cb; **Huw Richards:** 4sd, 5sd, 6bi, 6bd, 7bc, 7bd, 11sd, 11bd, 17bi, 18, 22, 23, 25ci, 26bi, 26bd, 28bi, 31 (a, b, d, e), 32, 33, 34si, 34sd, 36bi, 37, 38, 39, 40, 41, 44, 47 (a, c, d, e), 48, 49sd, 55sd, 58s (a, b), 60-61, 64bd, 65bi, 66bi, 67bd, 70, 71, 73, 74, 75 (4, 5), 82, 83, 85 (si, sd y bd), 86, 91 (sd y bd), 95, 96, 97, 98, 99si, 100-101, 102bd, 103bi, 104-105b, 108-109 (1, 2, 3, 4), 110-111, 115, 119bd, 121, 122bc, 125, 130, 131ci, 132bd, 135, 136bd, 138bd, 139, 140, 141, 142d, 144 (a, b), 146, 149b, 151 (s y bd), 153 (s y bd), 154, 155, 157b, 161b, 162-163, 167 (e), 177-178, 180-182, 186, 188-189, 190sd, 192-198, 208-209, 211, 213-215.

Resto de las imágenes © Dorling Kindersley
Para información adicional ver: **www.dkimages.com**

Edición Toby Mann
Diseño sénior Glenda Fisher, Barbara Zuniga
Edición sénior Anna Kruger, Dawn Titmus
Diseño Amy Child
Asistencia editorial Millie Andrew
Diseño de cubierta sénior Nicola Powling
Coordinación de cubierta Lucy Philpott
Preproducción Heather Blagden
Producción sénior Stephanie McConnell
Edición ejecutiva Stephanie Farrow
Edición ejecutiva de arte Christine Keilty
Dirección de arte Maxine Pedliham
Dirección editorial Mary-Clare Jerram

Fotografía Jason Ingram, Huw Richards
Ilustración Amy Cox

De la edición en español:
Coordinación editorial Cristina Sánchez Bustamante
Asistencia editorial y producción Eduard Sepúlveda

Servicios editoriales Tinta Simpàtica
Traducción Ismael Belda

Publicado originalmente en Gran Bretaña en 2020 por Dorling Kindersley Limited
DK, One Embassy Gardens, 8 Viaduct Gardens, Londres, SW11 7BW
Parte de Penguin Random House

Copyright © 2020 Dorling Kindersley Limited
Copyright del texto © 2020 Huw Richards
© Traducción española: 2024 Dorling Kindersley Limited

Título original: *Grow Food For Free*
Primera edición: 2024

SOBRE EL AUTOR

En 1999, Huw Richards se trasladó con sus padres desde Yorkshire hasta el medio oeste de Gales, en busca de la «buena vida» de las estribaciones de los montes Cámbricos, y compraron una finca de 11 acres, que transformaron en un entorno abundante y rico en naturaleza.

A los 3 años, ya ayudaba a sus padres en el huerto y a los 12 creó su propio **canal de YouTube, Huw Richards**, sobre horticultura. Ahora tiene más de 300 000 suscriptores, y sus vídeos han sido vistos más de 40 millones de veces.

Desde que terminó la escuela en 2017, Huw se ha propuesto ayudar a las personas a reconectar con los alimentos que comen y empoderarlas para que cultiven los suyos propios, ya sea en el alféizar de una ventana, en un jardín o en una parcela. Huw también trabaja para inspirar a la próxima generación de agricultores, y espera que todas las escuelas del Reino Unido puedan adoptar la jardinería como facilitador del aprendizaje y el conocimiento.

Ha aparecido en *The Times*, *The Guardian* y *BBC News*, y escribe una columna en la revista *Grow Your Own*. También ha participado en *The One Show* de la BBC. En 2019, lanzó su primer libro *Veg in One Bed*, publicado por DK.

Cuando no está en el jardín o ante su ordenador, lo más probable es que esté jugando al tenis o al squash.

Puedes encontrar a Huw en **Instagram** en **@huwsgarden**.